城市轨道交通地下工程危险源辨识与风险分析

刘仲武　吴　萍　陈音圻　陈　帅　著

中国铁道出版社有限公司

2021年·北　京

内 容 简 介

本书通过对2001年以来的国内部分地铁施工事故典型案例统计分析，得出了地铁施工事故的特征统计并进行了规律分析。在此基础上，建立了ISM解释结构模型，分析了地铁施工阶段各项风险因素之间的相互影响关系和递阶层次结构，并分析了解释结构模型图中的各条事故致因路径。同时对某地铁施工项目进行实证分析，基于模糊综合层次分析法进行风险评价。全书共五章，分别是绪论、地铁施工危险源辨识与评价的基本理论、地铁施工事故案例统计与分析、基于ISM模型的地铁施工过程风险因素分析和实证分析，附录部分提供了在实际研究中的一些事故案例等资料。

本书可供从事地铁施工与风险管理的工程技术人员参考，也可供大专院校教师及学生参考用书。

图书在版编目(CIP)数据

城市轨道交通地下工程危险源辨识与风险分析/刘仲武等著．—北京：中国铁道出版社有限公司，2021.12

ISBN 978-7-113-27797-0

Ⅰ.①城… Ⅱ.①刘… Ⅲ.①地下铁道-工程施工-事故分析 Ⅳ.①U231

中国版本图书馆CIP数据核字(2021)第043872号

书　　名：城市轨道交通地下工程危险源辨识与风险分析

作　　者：刘仲武　吴　萍　陈音圻　陈　帅

策　　划：阚济存

责任编辑：阚济存　　**编辑部电话：**(010)51873133　　**电子信箱：**td51873133@163.com

封面设计：曾　程

责任校对：孙　玫

责任印制：高春晓

出版发行：中国铁道出版社有限公司(100054，北京市西城区右安门西街8号)

网　　址：http://www.tdpress.com

印　　刷：北京铭成印刷有限公司

版　　次：2021年12月第1版　2021年12月第1次印刷

开　　本：787 mm×1 092 mm　1/16　**印张：**6.5　**字数：**152千

书　　号：ISBN 978-7-113-27797-0

定　　价：48.00元

前 言

随着城市经济的快速发展和城市人口数量的急剧增加，城市交通压力与日俱增，传统的出行方式已满足不了城市发展与人们的需求，大力发展城市轨道交通项目势在必行。城市轨道交通包括地铁系统、轻轨系统、单轨系统、现代有轨电车、磁浮系统、自动导向轨道系统、市域快速轨道系统等。本书的研究对象为地铁工程土建施工相关危险因素辨识及评价方法，城市轨道交通其他系统、地铁土建工程的其他工艺工法的危险源辨识和评价可参考本书的辨识和评价方法。

在地铁施工过程中，由于施工环境复杂多变，风险因素多种多样，致使地铁施工安全事故频发。鉴于此，对地铁施工过程中的危险源进行有效地辨识和评价，有助于减少地铁施工过程中的安全隐患，加强地铁施工安全控制，对提高地铁施工的安全性具有重要的现实意义。

本书从对2001年以来的国内地铁施工事故典型案例统计分析入手，得出了地铁施工事故的特征统计并进行了规律分析。在此基础上，建立了ISM解释结构模型，分析了地铁施工阶段各项风险因素之间的相互影响关系和递阶层次结构，并分析了解释结构模型图中的各条事故致因路径。同时对某地铁区间进行实证分析，基于模糊综合层次分析法进行风险评价。旨在为地铁施工的风险管理提供一定的指导与借鉴作用。

本书由中国铁道科学研究院集团有限公司城市轨道交通中心刘仲武、浙江大学宁波理工学院吴萍、重庆交通大学陈音圻、浙江大学宁波理工学院陈帅共同编写，刘仲武、吴萍负责审阅与统稿，并对各章节做了部分修改；特别感谢中国铁道科学研究院基金课题(1851CG6504)对本书研究工作的资助。

由于城市轨道交通地下工程施工安全风险涉及的问题较为复杂，尚有许多问题有待进一步完善，加之本书作者水平有限，书中难免存在不足之处，敬请读者不吝赐教。

作　者

2021年北京

目　录

第1章 绪　论

1.1 引言

城市轨道交通是一种采用轨道结构进行承重和导向的车辆运输系统，依据城市交通总体规划的要求，设置全封闭或部分封闭的专用轨道线路，以列车或单车形式，运送相当规模客流量的公共交通方式。城市轨道交通具有优化城市土地功能、噪声小、可极大缓解地上交通拥堵现状等优点。伴随着中国经济不断发展和城镇化规模不断扩大，诸多城市的公共交通载荷日益增加，城市轨道交通以其高效、便捷、安全、输送能力强等特点，已成为增加城市交通运力的主要手段之一。

近年来，我国许多大中型城市的轨道交通逐步形成了以地下铁道为主，多种轨道交通类型并存的现代城市轨道交通新格局。其中，地下交通（以下简称地铁）的大力建设，有效缓解了我国大型城市因人口急剧增长导致的日益增长的交通压力。地铁已经成为能有效改善城市交通环境、缓解城市公共交通压力、促进城市经济和社会和谐发展的重要战略选择。

然而，地铁工程施工具有技术复杂、不可预见致险因素多、社会环境影响大等特点，在设计、施工、运营阶段都会遇到很多的困难与障碍。与此同时，随着地铁工程中新技术、新工艺、新材料的快速发展，大大促进了地铁施工的现代化进程，但也进一步产生其他危险源。因此，为了保障地铁施工安全，必须建立有效的危险源辨识和评价系统，提前预判、掌控并消除施工安全隐患，以避免重大安全事故的产生，造成不必要的社会经济损失和严重的负面影响。

1.2 研究背景与意义

2020年是全面建成小康社会和"十三五"规划收官之年，城市轨道交通特别是地铁建设进入快速发展新时期，运营规模、客运量、在建线路长度、规划线路长度均创历史新高，可研批复投资额、投资完成额均为历年之最。据中国城市轨道交通协会2019年3月发布的《城市轨道交通2018年度统计和分析报告》数据[1]，2018年新增运营线路长度728.7 km，全年累计完成客运量210.7亿人次，同比增长14.0%，全年完成城轨交通建设投资5 470.2亿元，在建线路长度6 374 km，可研批复投资额累计达42 688.5亿元，规划、在建线路规模稳步增长，年度完成建设投资额创历史新高。

城市轨道交通发展日渐网络化、差异化，制式结构多元化，网络化运营逐步实现。我国各大城市也掀起了一股城市轨道交通工程建设的热潮，但是与此同时，城市轨道交通工程建设中屡屡发生重大恶性事故（表1.1），也引起了我国政府和人民群众的广泛关注。

表 1.1　2016—2018 年国内城市轨道交通事故

序号	事 故 概 况	直接经济损失
1	2018 年 6 月 30 日 17 时，长沙地铁 4 号线杜家坪站 1 号风亭组，在组织地连墙破除中发生坍塌事故	305 万元
2	2018 年 2 月 7 日 20 时，佛山市轨道交通 2 号线一期工程 TJ1 标段湖涌站—绿岛湖站盾构区间右线工地突发透水，引发隧道及路面坍塌	5 323.8 万元
3	2017 年 11 月 4 日 15 时，在双流区成都轨道交通 10 号线二期工程土建 2 标施工现场，汽车吊在进行桩头吊运作业过程中，发生起重伤害事故	370 万元
4	2017 年 6 月 23 日 5 时，在青岛地铁 11 号线轨道交通工程机电系统一标段，中国铁建电气化局集团有限公司在青岛二中站—青岛科大站区间进行电缆运输过程中发生车辆伤害事故	402.6 万元
5	2017 年 5 月 11 日 10 时，位于福田区绒花路的深圳市轨道交通工程 3 号线三期南延工程 3131 标基坑发生起土方坍塌事故	345 万元
6	2017 年 2 月 12 日 18 时，厦门市轨道交通 2 号线一期工程 1 标段海沧大道站—东渡路站区间，右线盾构现场减压仓内发生火灾事故	412.7 万元
7	2016 年 10 月 19 日 8 时，沈阳地铁 9 号线二十二合同段曹仲站—沈苏西路站区间正线左线隧道发生坍塌事故	450 万元
8	2016 年 7 月 8 日 22 时，宁波易通建设有限公司在杭州地铁 4 号线南段中医药大学站南基坑进行地连墙堵漏施工时，发生基坑涌土事故	532 万元
9	2016 年 2 月 19 日 9 时，重庆轨道交通五号线 5109 标二分部半山站明挖段在拆除贝雷梁施工过程中，发生高处坠落事故	390 万元

这些事故的发生不仅造成了巨大的人员经济损失，而且造成恶劣的社会影响，城市轨道交通工程施工的安全管理水平已经成为影响我国城市轨道交通工程建设重要因素，因此需要加强城市轨道交通建设阶段安全管理的研究。

1.3　国内外研究现状

1.3.1　地铁的发展现状

1.3.1.1　国外地铁的发展历史

世界上第一条地铁于 1863 年 1 月 10 日在伦敦建成，至今已经有 157 年的历史了。从最开始的蒸汽机车牵引，经过 27 年的发展，到 1890 年改为电力牵引。1863～1899 年，美国、英国、法国、匈牙利、奥地利 5 个国家的 7 座城市相继修建了地铁；1900—1949 年，世界上又有巴黎、柏林、纽约、东京、莫斯科等 13 个城市相继建成了地下铁道。

二次世界大战后，伴随着各国城市大运量公共客运需求的快速增长，地下铁道得到了迅速发展。20 世纪 70 年代和 80 年代是世界各国地下铁道建设的高峰，发达国家的主要城市，如纽约、华盛顿、芝加哥、伦敦、巴黎、柏林、东京、莫斯科等已经基本上建成了地铁，但是发展中国家地铁建设却方兴未艾[2]。

1.3.1.2　国内地铁的发展历史

1965 年 7 月 1 日，北京的第一条地铁开工，1969 年 10 月 1 日北京地铁 1 号线建成通车，标志着北京成为中国第一个拥有地铁的城市。

1984 年 12 月 28 日天津首条地铁建成通车；1997 年 6 月 28 日广州地铁 1 号线开始试运营；2004 年 12 月 28 日深圳首条地铁正式通车；2012 年 11 月 24 日杭州地铁 1 号线正式开通；2014 年 5 月 30 日宁波首条轨道交通开通试运营。截至 2020 年 12 月，中国已有 44 个城市开通了地铁。

1.3.2 危险源辨识的研究现状

1.3.2.1 国外危险源辨识的研究现状

由于欧洲率先进行了工业革命，因此出现了最早的危险源辨识与评价机制。1974 年，英国弗利克斯巴勒化工厂因为发生环己烷蒸汽爆炸，促使英国成为最先重点关注危险源辨识的国家，英国健康安全委员会设立重大危险源咨询委员会(Advisory Committee on Major Hazards, ACMH)，作为研究重大危险源辨识、评价和控制的专业机构[3]，但当时并没有先进的安全意识和管理经验，也无风险预控的概念。通过对文献的查找，将国外的危险源辨识发展史上的一些重大事件汇总见表 1.2。

表 1.2 国外危险源辨识发展史

时 间	国家/组织	重大事件(事故、立法、会议等)
1974 年	英国	弗利克斯巴勒工厂发生了环己烷蒸汽云爆炸事故，造成重大的人员财产损失，迫使英国政府开始认识工业事故并且意识到危险是潜在的、可预防的。以此次事故为契机，英国安全委员会(Health and Safety Executive, HSE)建立了重大危险源咨询委员会(ACMH)，进行重大危险源控制和立法方面的咨询
1976 年 1979 年 1984 年	重大危险源咨询委员会(ACMH)	先后向英国卫生与安全监察局提交了 3 份重大危险源控制救赎研究报告，其中包括对重大危险源标准的临界值的更改——从极毒物质 100 g 到一般易燃易爆液体 10 000 t 不等。英国一系列规范的提出促进了本国和其他国家重大危险源管理的发展
1982 年	欧洲议会	申请通过了关于重大事故管理文件《工业活动中重大事故危险法令》，简称《塞维索法令Ⅰ》。法令主要包括两个部分：共有 180 个物质的种类和最大安全标准值被规定；重大危险源就是超过上述最大安全值的物质存在的设备或者设备组合
1984 年	印度	发生了震惊世界的印度博帕尔毒气泄漏惨案，造成直接死亡达两万五千人，间接死亡或者濒临死亡的人员数倍于这个数字
1988 年	国际劳工组织(International Labour Organization, ILO)	出版了《重大危险源控制手册》，该手册重点提出了危险源识别的方法与评价的标准
1991 年	国际劳工组织(ILO)	出版了《预防重大工业事故事实细则》
1991 年 1 月	国际劳工组织(ILO)	为促进亚太地区的国家建立重大危险源控制系统，在曼谷召开了重大危险源控制区域性讨论会
1996 年	欧洲共同体(欧共体)	再次通过《塞韦索法令Ⅰ》的修正件，共确定 39 种(类)物质及其临界量，从极毒物质甲基异氰酸盐 150 kg 到极易燃易爆液体 50 000 t 不等
1996 年	欧洲共同体(欧共体)	颁布了具有里程碑式意义的《重大危险事故和危险物质的控制法令》，即《塞韦索法令Ⅱ》，该法令增加了矿石和采石场中危险物质的储存活动，并定义了硝酸铵和成品油的临界量，补充了 7 种新的致癌物质，修正了辨识标准的计算公式等内容

随着社会工业化进程加快及对重大危险源认识的不断加深，各国在规章制定中投入了越来越多的精力，才有了今天危险源辨识与评价的蓬勃发展。

1.3.2.2 国内危险源辨识的研究现状

我国的危险源辨识评价工作开始较晚，同欧洲以及美、日等工业发达国家相比存在一定差距。这主要是由于在20世纪80年代以前，我国工业基础相对薄弱，重大危险源分布、分类不清，未形成完整的重大危险源控制。

基于1997年劳动部组织实施的6城市重大危险源普查试点工作，结合国外同类标准和我国工业生产的特点以及火灾、爆炸、毒物泄漏重大事故的发生情况，我国于2000年提出国家标准《重大危险源辨识》[4]（GB 18218—2000）。2006年，我国政府将重大危险源辨识指标体系、监测与监控网络化技术列为十一五安全生产科技发展规划重点项目。2009年12月开始实施国家标准GB 18218—2009《危险化学品重大危险源辨识》[3]。

1.3.3 危险源评价的研究现状

1.3.3.1 国外危险源评价的研究现状

危险源评价技术属于安全评价技术的一部分，安全评价技术起源于20世纪30年代，是随着保险业的发展而发展起来的。保险公司为客户承担各种风险，就产生了一个衡量风险程度的问题，这个衡量风险程度的过程就是当时的美国保险协会所从事的风险评价，而风险评价技术是安全评价技术的起步。安全评价技术在20世纪60年代得到了很大的发展，首先使用于美国军事工业。

目前，安全评价方法众多，如LEC法、MLS法、道化学火灾法、爆炸危险指数评价法、基于BP神经网络的风险评价法、模糊评价法等。这些方法可分为定性评价、指数评价、半定量评价和定量评价，各有优缺点，适用于不同的情况。其中，用于危险源的评价方法见表1.3。

表1.3 国外危险源的评价方法

序号	机　构	方　法	特　性
1	美国道化学公司	火灾、爆炸危险指数评价法	考虑了工艺过程中的操作方式和条件、设备安全状况等因素的影响，计算出危险度，按照大小划分危险度级别。但在分析中对管理因素考虑较少。 优点：新、成熟、可靠
2	英国帝化学公司孟德部	孟德火灾、爆炸、毒性指标评价法	在美国道化学公司研究的基础上，增加了毒性指数，并发展了某些补偿系数。 优点：适用范围较为广泛
3	日本劳动省	六阶段安全评价法	对工程项目的安全性进行综合评价。 优点：综合性强

20世纪60年代后期，以概率风险评估（PRA）为代表的系统风险评估技术得到了研究和开发。可靠性分析（HRA）、事故树分析（DEA）、事件树分析（ETA）、危险与可操作性研究（HAZOP）、初始危险分析（PHA）、管理失效与风险分析（MORT）等评价法在工业发达国家的许多项目中得到了广泛的应用。

20世纪80年代以来，随着模糊理论和计算机技术的发展，模糊综合评价和灰色系统理论、层次分析法，人工神经网络、数值模拟方法开始应用于安全评价。这些方法在安全评价的系统理论和原理上，虽然较前述年代时的评价方法无本质上的突破，但可避免传统方法的局限性、专家评价的主观性以及数据来源的单一性而导致的模型和对象间不客观的简化，具有一定的优越性[5]。

1.3.3.2 国内危险源评价的研究现状

20 世纪 90 年代初危险源辨识评价在我国逐渐得到较多重视和研究。1991 年，由劳动部劳动保护科学研究所等单位完成的国家"八五"重点科技攻关项目《易燃、易爆、有毒重大危险源辨识、评价技术研究》，采用定量的计算方法建立了伤害模型库，使我国工业安全评价方法的研究初步从定性评价进入定量评价阶段，为我国开展重大危险源的普查、评价、分级监控和管理提供良好的技术依托。

近年来，我国的许多相关领域的工作者就重大危险源的辨识评价问题开展了大量的工作。在搜集相关的文献资料后，汇总见表 1.4。

表 1.4 国内文献针对危险源辨识评价的研究

序号	学者	年份	研究内容
1	钱新明[6]	1994	提出了危险源的概念和危险源安全分析方法，包括潜在的问题分析(PPA)、事故树模式和影响分析(FMEA)、事件树分析(ETA)等，并对这些方法进行了改进
2	钟茂华[7]	2003	对重大危险源的评价分级运用了 BP 神经网络静态分级和具有自组织模式聚类功能的无教师监督学习的神经网络方法、DT 动态分级法的动态分级法
3	张明广[8]	2006	利于层次分析法的基本原理对重大危险源进行模糊评价，为重大危险源的分级和监管提供依据
4	李德顺[9]	2007	在研究危险源评价分级时指出了静态分级方法和动态分级方法的优势和不足，且针对动态分级建立的分级的指标，规定了分级的档数，设定了分级的界限
5	刘骥[10]	2008	提出以危险源导致的事故损失和人员伤亡为基础，采用死亡概率法进行危险源分级
6	沙锡东[11]	2011	对危险源进行分级研究以最大危险、概率求和等原则为计算原则，采用加入经济密度和人员密度的死亡半径分级法，得到了和实际相吻合的分级结果
7	温艳芳[12]	2012	运用作业条件危险性评价法(LEC 法)，总结了钢筋作业过程中涉及的危险源的识别、评价和控制方法
8	李力[13]	2015	对娄衡高速高速公路施工过程中存在的危险源进行辨识，建立了基于层次分析法的高速公路施工项目危险源模糊综合评价模型，得到高速公路建设施工分项工程的危险源综合等级
9	董桂贝[14]	2017	以危险源辨识及评价过程为主线以天津市公路客运体系为载体对危险源辨识、评价方法体系的建立进行研究，并且对危险源实施分级管控以提高公路客运体系的安全性
10	刘昶[15]	2018	通过对上马水库枢纽工程建筑物可能发生的危险源进行辨识，运用危险分析法(LEC 法)对危险源进行风险评价，确定建筑物风险等级，制定相应的管理预案，有效遏制重特大事故的发生
11	罗宗保[16]	2019	通过引入 LEC 评价法和风险接受准则，对于宁波轨道交通 3 号线施工危险源进行半定量打分，从而辨识出项目的重大危险源

上述研究工作和努力也促进了我国危险源相关法律体系制度的建设，如图 1.1 所示。

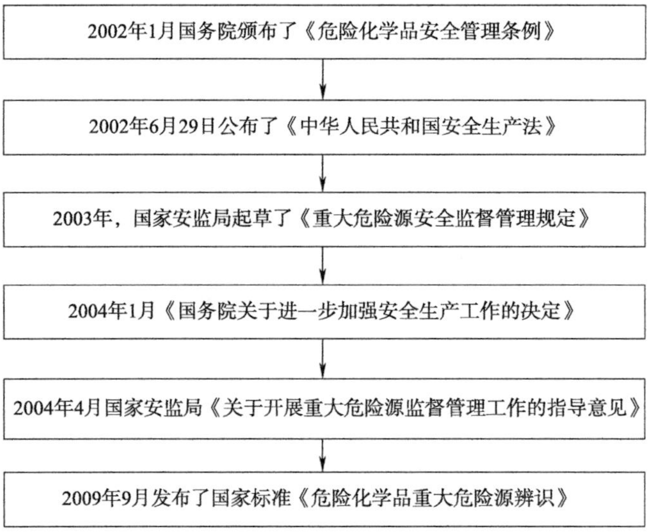

图 1.1　我国有关危险源的相关法律法规体系

1.3.4　地铁危险源辨识评价的研究现状

1.3.4.1　国外地铁危险源辨识评价的研究现状

国外学者在地铁隧道等地下工程风险评估方面作了大量的研究，国际组织和欧美等国家已经编写出隧道工程风险管理的规范和法规，通过搜集相关的文献资料后，汇总见表 1.5。

表 1.5　国外隧道工程风险管理的规范和法规

序　号	机　构	年　份	规范和法规
1	国际隧道协会	2003	《隧道风险管理指南》
2	欧洲委员会	2004	《环欧洲际公路隧道网隧巡最低安全需求》
3	国际隧道工程保险集团	2006	《隧道工程风险管理实践规程》
4	国际道路协会	2007	《公路隧道安全集成方法》
5	国际道路协会	2008	《公路隧道风险分析》
6	欧洲议会	2008	《隧道安全评估》

国外有关地铁工程安全风险的研究已经比较深入，通过搜集相关的文献资料后，汇总见表 1.6。

表 1.6　国外文献关于地铁施工风险的研究

序　号	学　者	年　份	研　究　内　容
1	Einstein H[17]	1996	阐述了隧道工程风险分析的特点和应遵循的理念，并提出了一种适用于硬岩隧道的基于计算机模拟的隧道成本模型
2	Sturk[18]	1996	以斯德哥尔摩公路隧道为例，利用专家调查法对基本数据进行处理，并比较分析隧道风险

续上表

序 号	学 者	年 份	研 究 内 容
3	Kampmann J[19]	1998	运用风险评估技术为哥本哈根地铁工程提出了包括40多种灾害的10种风险类型，对事件发生的可能性及影响结果提出了具体的分类体系，提出了48种风险减轻措施，使用了蒙特卡洛方法和计算机电子表格来构件风险模型
4	Tonon F[20]	2000	通过随机理论以及模糊理论对地铁工程项目建设期间的风险分析与决策的多目标优化问题进行了研究
5	Clark G[21]	2002	对美国西雅图地铁工程规划和初步设计阶段进行地质风险、合同风险、设计和施工风险分析，提出了风险指数法
6	Choi H[22]	2004	运用调查表和详细检查表进行风险识别工作，以基于模糊概念的不确定模型为理论，开发风险评估软件并运用于地铁工程评估
7	McFest-Smith[23]	2005	在对50多个亚洲地区的隧道项目所包含的活动和相关风险的各个方面的调查基础之上，提出了IMS风险评价体系，由15个风险种类包含33个风险类型组成
8	Yoo C[24]	2006	基于对隧道工程建设时引起地面沉降的归纳和总结，开发了建筑(设施)损坏评估体系TURISK
9	Šejnoha J[25]	2009	提出在捷克共和隧道新奥法施工中采用故障树分析法和事件树分析法进行隧道开挖过程风险定量评估
10	Zhou Z[26]	2013	通过对地铁施工事故数据库(SCID)中的79起倒塌事故的分析，生成了地铁施工安全管理背景下的先兆发展路径图，应用集合理论探讨了前兆、事件、事故、未遂事件和不安全行为/条件之间的相互关系
11	Liang C[27]	2018	基于贝叶斯网络对铁路平交道口(LX)事故进行了因果推理分析，建立BN风险模型，对LX事故的发生进行预测，量化各种影响因素的贡献程度，识别风险最大的因素，并进一步考察了各种原因对LX事故发生的影响强度
12	Zhou Y[28]	2019	提出了一种结合复杂网络理论和关联规则挖掘(ARM)的风险分析方法，揭示了工程施工安全风险监测类型与风险耦合的关联规则
13	Qiu J[29]	2020	就西安地铁建造过程中，古城墙发生破坏的风险进行了分析，并提出了具体的保护措施

1.3.4.2 国内地铁危险源辨识评价的研究现状

我国在地铁工程安全风险的相关研究虽然开展较晚，但发展非常迅速，通过查找相关的文献资料，将近年国内学者对地铁施工风险的研究进行了汇总，见表1.7。

表1.7 国内学者关于地铁施工风险的研究

序 号	学 者	年 份	研 究 内 容
1	汤永净[30]	2004	详细介绍了上海地铁4号线的工程事故，并通过对这一事故中各种风险的分析，提出了预防风险的措施
2	陈亮[31]	2005	收集了国内外地铁项目盾构法施工工程事故，并对采取的风险预控措施统计，创建城市地铁盾构施工风险数据库

续上表

序 号	学 者	年 份	研 究 内 容
3	黄宏伟[32]	2006	研究了地铁风险集成化管理模式，对不同阶段中的风险因素进行定性评估，提出了风险分析和控制的整体思路
4	李兵[33]	2007	对地铁车站施工事故分析，以各参与主体为目标，总结施工安全风险因素，运用模糊层次分析法进行风险评估，并提出防范对策
5	王华伟[34]	2008	识别出物体打击、起重伤害、高处坠落、坍塌等风险事件，列举了地铁车站施工的危险源，采用事故树方法分析起重脱钩风险事件，运用层次分析法和模糊评价法对施工现场安全状况进行评估
6	周红波[35]	2009	引入 WBS-RBS 将地铁基坑工程工作分解结构和风险源分解结构耦合判断并说明相应风险因素或风险事件，对风险因素进行敏感度分析，提出相应的应对措施
7	陆莹[36]	2010	基于模糊语义及积分值法，将基本事件概率量化，运用贝叶斯网络构造了地铁运营火灾事故的致因关系
8	苏旭明[37]	2011	提出采用模糊综合评判和序关系分析法改进后的故障模式对地铁运营安全进行评价，既克服了传统方法的局限性又解决了传统问题不能精确确定风险等级的缺点
9	袁竞峰[38]	2012	提出要在设计环节考虑施工和运营阶段的危险源，通过构建 DFS 知识库来确保设计工作在规范约束和专家建议的指导下进行
10	张成方[39]	2013	构建了基于 BIM 技术的信息化时间和空间地铁施工安全风险管理模型，借此对施工现场进行安全管理
11	陈远健[40]	2014	通过实例分析，采用工作分解结构的风险因素辨识方法，梳理出地铁施工安全风险因素汇总表，并对安全风险进行了评价和划分
12	宫培松[41]	2015	从系统的角度出发，以单个地铁项目施工设计为边界，采用 ISM 方法梳理单个项目施工安全风险之间的关联，建立了风险事件的层次结构模型
13	应国柱[42]	2016	利用模糊综合评价法对合肥地铁 1 号线施工过程危险源进行了辨识，并建立了风险指标体系，引进模糊综合评价算子，对指标体系进行了评价，建立了修正模型，根据评价结果确定地铁施工风险等级标准
14	徐青[43]	2017	分析了地铁车站深基坑的施工特点和具体的致因因素，将复杂网络理论应用到评价中，建立了评价模型，该评价模型找出了地铁车站深基坑施工过程中各因素之间的关系
15	魏丹[44]	2018	以隧道竖井基坑围护结构失稳为例，综合利用故障树和层次分析法对地铁施工进行风险评价，该方法可减少人的主观因素影响
16	闫文周[45]	2019	在多因素耦合作用视角下，构建了地铁事故多维轨迹交叉风险耦合致因模型，选取 16 个地铁施工风险影响因子，通过构建相互作用矩阵对地铁施工风险进行评价
17	陈楠[46]	2020	提出了基于 IOWA 算子的地铁车站深基坑施工安全评价方法，并将其应用于郑州地铁 1 号线紫荆山车站，该方法可有效解决地铁深基坑施工安全评价指标模糊性、灰色性和专家认知极端性造成安全等级难以确定的困难

1.4 本书内容体系与研究方法

1.4.1 内容体系

本书主要讨论城市轨道交通地下工程危险源辨识与评价，全文共分为以下5个章节，各章主要研究内容如下：

(1)绪论

系统阐述了城市轨道交通地下工程风险源辨识与评价分析的重要性，并对国内外研究现状进行了综述。

(2)地铁施工危险源辨识与评价的基本理论

简要回顾了事故致因理论的发展历史，阐述了三种不同的危险源分类理论与方法，从理论的角度出发，厘清地铁施工风险分析的流程，为地铁施工危险源辨识与评价实践提供理论指导。

(3)事故案例统计与分析

通过在网络检索、企业访问以及文献查阅等方式，对地铁施工事故案例进行搜集；从事故类型、发生时间、发生地点等不同角度出发，对事故特征统计分析；获得事故内在规律，以此来探索事故发展趋势和本质。

(4)基于ISM模型的地铁施工过程风险因素分析

建立通用的ISM模型，对地铁施工过程风险因素之间存在的内在关联进行分析，得到风险因素的层次分级，绘制风险解释结构模型图。

(5)实证分析

基于前文解释结构模型图的风险因素，针对某地铁进行专家问卷调查，通过层次分析法和模糊综合评判法，得出阻止地铁施工阶段安全事故发生的难度大小分析。

1.4.2 研究方法

(1)文献调研：通过对国内外地铁施工事故分析、地铁施工危险源辨识与评价、地铁施工安全管理以及地铁施工先进技术等方面的论文和著作的研读，提升本书的理论深度以及内容的有效性。

(2)专家调查：通过编辑调查问卷，对相关领域专家进行调查，对各指标的相对重要性程度进行打分，从而确定各指标的权重。

(3)解释结构模型：将复杂的系统分解为若干子系统(要素)，利用人们的实践知识(专家经验)最终将系统构成一个多级递阶的结构模型，为分析系统构成要素之间的相互依赖与制约关系提供一种结构化与层次化的技术手段。

(4)模糊层次综合评价：一种基于模糊数学的综合评价方法。该综合评价法根据模糊数学的隶属度理论把定性评价转化为定量评价，即用模糊数学对受到多种因素制约的事物或对象做出一个总体的评价。

本书的技术路线如图1.2所示。

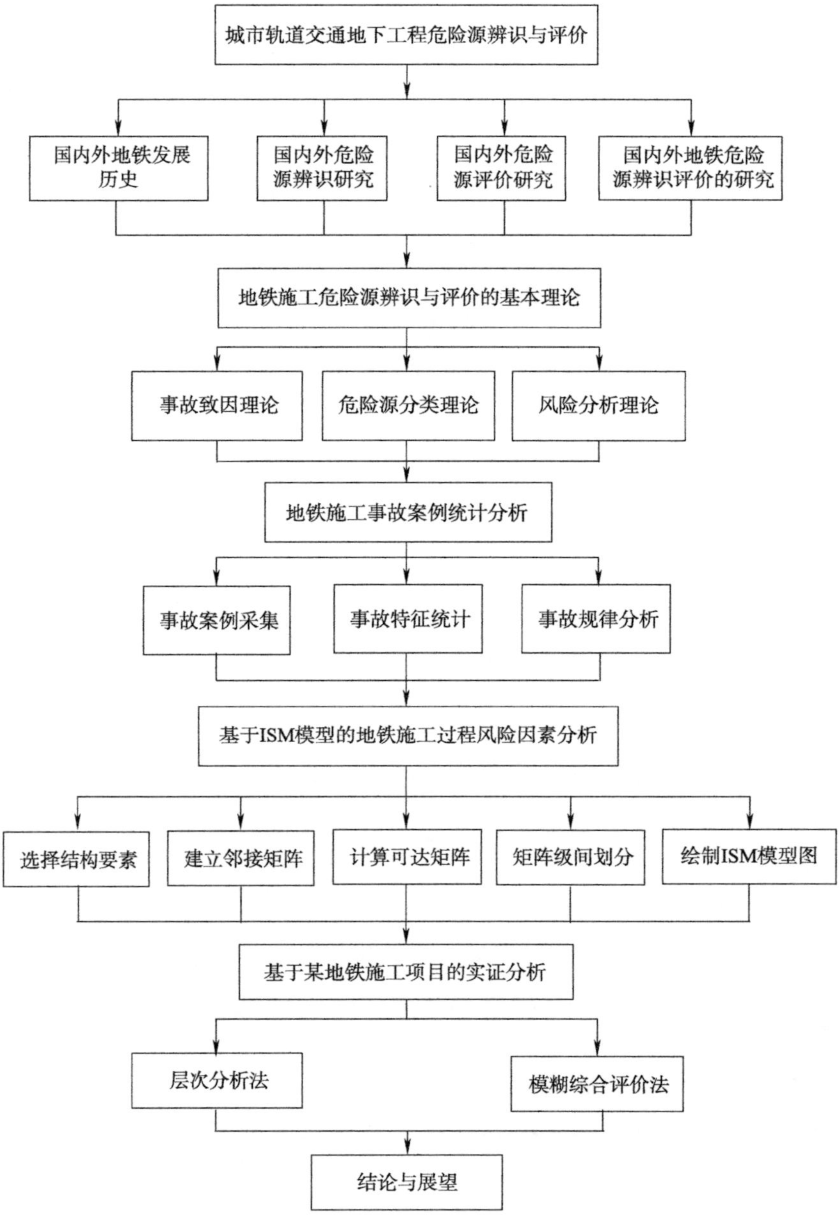
城市轨道交通地下工程危险源辨识与评价
国内外地铁发展历史
国内外危险源辨识研究
国内外危险源评价研究
国内外地铁危险源辨识评价的研究
地铁施工危险源辨识与评价的基本理论
事故致因理论
危险源分类理论
风险分析理论
地铁施工事故案例统计分析
事故案例采集
事故特征统计
事故规律分析
基于ISM模型的地铁施工过程风险因素分析
选择结构要素
建立邻接矩阵
计算可达矩阵
矩阵级间划分
绘制ISM模型图
基于某地铁施工项目的实证分析
层次分析法
模糊综合评价法
结论与展望

图 1.2　技术路线

第 2 章　地铁施工危险源辨识与评价的基本理论

本章从地铁施工危险源辨识与评价的相关基本理论出发，首先，回顾了事故致因理论的发展历史；其次，通过对危险源分类理论的探讨，分别阐述了三种不同的分类方法，以及各种方法对于危险源的详细分类情况；最后，通过对风险分析理论中的风险识别、风险估计以及风险评价进行介绍，从理论的角度出发厘清地铁施工危险源的识别与分析流程，为地铁施工危险源辨识与评价实践提供理论指导。

2.1　事故致因理论

2.1.1　Heinrich 事故连锁理论

1936 年美国安全工程师海因里希（W. H. Heinrich）在《工业事故预防》中首次提出了工业安全理论。该理论的核心思想是事故的发生不是一个孤立事件，尽管事故发生可能在某一瞬间，但其发生的过程却经历了一系列互为因果关系的事件的风险传递，基于这种风险观点，海因里希提出了事件链这一重要概念，即伤害与各原因相互之间具有连锁关系。

海因里希将影响事故连锁过程的因素分为遗传和社会环境（A_1）、人的失误（A_2）、人的不安全行为和物的不安全状态（A_3）、事故（A_4）、伤害（A_5）等五类因素。如图 2.1～图 2.3 所示，事故产生与传递的过程就像多米诺骨牌一样，一旦其中某一张倾倒，就会引起一系列的连锁反应，导致后一张直至最后一张骨牌依次倒下，最终导致事故的发生。要使事故发生的连锁系列中断，只要清除事故（A_4）前面的任何一个因素，则风险传递被破坏，就可以避免事故发生。

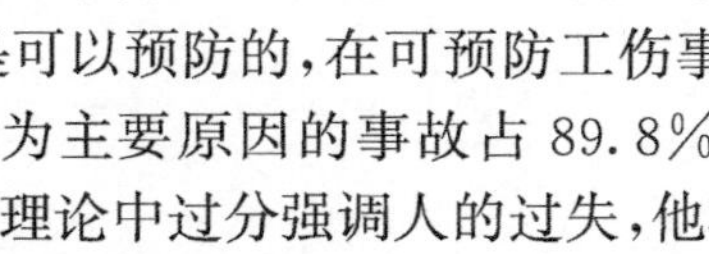

图 2.1　海因里希事故因果连锁模型①

图 2.2　海因里希事故因果连锁模型②

海因里希曾经调查过 75 000 起工伤事故，发现其中有 98%是可以预防的，在可预防工伤事故中，以人的不安全行为为主要原因的事故占 89.8%[47]。因此，他在事故连锁理论中过分强调人的过失，他将人的不安全行为的产生原因完全归因于人的缺点，进而追究人的遗传因素和社会环境方面的问题，存在以下几点认识局限性：①在地铁施工过程中，遗传造成的施工作业人员的性格缺陷是难以控制的。②社会环境因素造成的后天

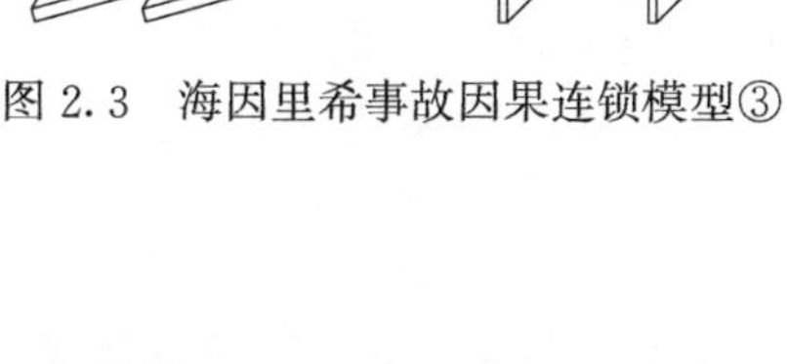

图 2.3　海因里希事故因果连锁模型③

知识和技能的不足太过笼统，难以直接用于地铁施工事故分析和预防。③忽视了对物的不安全状态的研究。因此，单纯以人的缺点来解释所有物和环境的不安全状态，不符合现代安全管理的系统论思想，难以实现对地铁施工事故的全面控制。

综上，海因里希的事故因果连锁理论虽然指出了生产事故发生的直接原因中的人的不安全行为和物的不安全状态，但是它并不能够完整地说明地铁施工事故发生的机理，因此难以有效地指导我国地铁施工事故的预防和控制。

2.1.2 能量意外释放理论

1961 年哈登提出的"能量意外释放论"，进一步发展了事故致因理论。其基本观点为"人受伤害的原因是某种能量的转移"，事故是一种不正常的或不希望的能量释放并转移于受体（人体或设备），如果意外释放的能量作用受体（人体或设备）超过了其自身承载能量的极限，则其自身受到伤害，事故就会发生。

运用能量意外释放理论，能够对地铁施工中势能积聚的危险性做出解释：如高处坠落、物体打击等事件，施工现场高空作业繁多，人和物本身会因为质量和高度等因素，极易造成势能的集聚。一旦施工工艺不当或防护措施失利，就会导致该能量的意外释放而发生事故。

除了与能量大小有关外，还与受体接触能量的时间、频率、部位以及能量集中度有关，各种形式的能量是造成伤害或损坏的直接原因。从而，引申出通过控制能量源、能量传递路径及能量传递载体、增加能量的最终承受者的承受能力等措施预防、减少事故发生概率和频率或者减轻事故对最终承受者的破坏程度。

虽然从能量意外释放理论角度进行危险源定义有比较实用的意义，即危险源是有失去控制可能的突变能量积聚，但是该理论仍然无法对地铁施工事故的深层次原因做出完整的解释，且运用该理论，需要对各种形式的能量有深入的、科学的理解，反而增加了事故分析和预防的难度和复杂性。因此在地铁施工事故调查分析和地铁施工安全管理实施中难以全面推广[48]。

2.1.3 轨迹交叉论

1974 年斯奇巴提出的"轨迹交叉论"认为：人的不安全行为和物的不安全状态是造成事故的各种事故原因中直接原因。人的不安全行为和物的不安全状态在一定时空里发生交叉就是事故的触发点。

轨迹交叉论的产生基于这样的分析：人、机、物或环境中存在各种不安全因素，它们并不会直接导致安全事故产生，而是需要其他不安全因素的激发，管理因素的缺陷往往就是这个激活各个风险因素共同产生作用的激发因素，如图 2.4 所示。例如，施工现场裸露的电线是出于不安全状态，如果工作人员以湿手去接触，就会引发不安全行为，造成施工人员的触电事故。在事故直接原因的背后，往往隐藏着企业管理人员、安全监管人员等在安全管理上的失误，创造了人的不安全行为与物的不安全状态相互作用的环境，管理上的

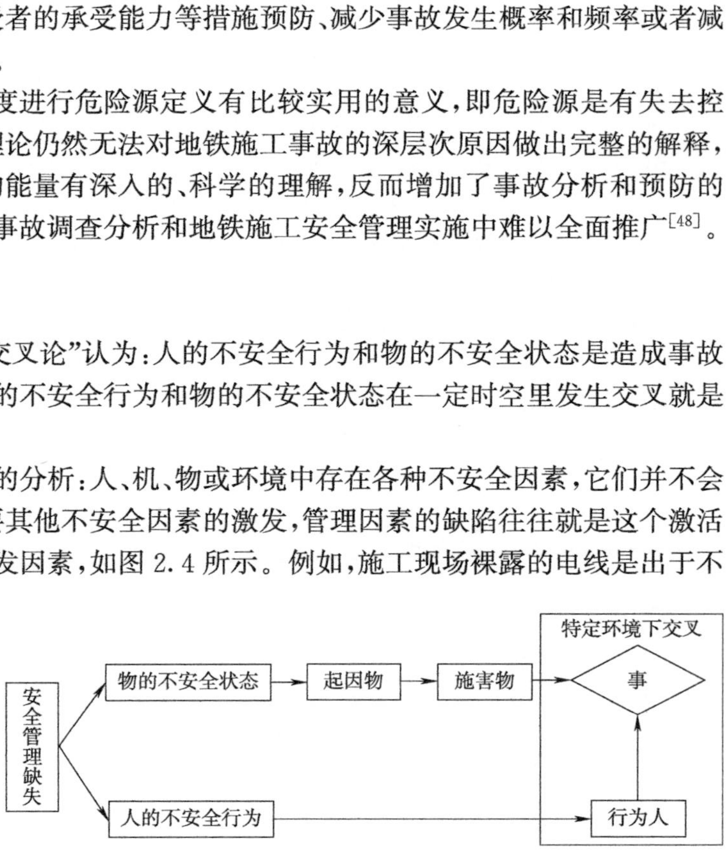

图 2.4 基于轨迹交叉论的事故发生图

缺陷是造成事故发生的本质原因。

图 2.5 为事故发生情况集合图，用集合表示导致事故发生的情况。M 为人的不安全行为子集，S 为物的不安全状态子集，E 为环境的不安全条件子集。因此在地铁施工过程中，应当要减少人的不安全行为、物的不安全状态和环境的不安全条件的轨迹交叉，防止出现事故。

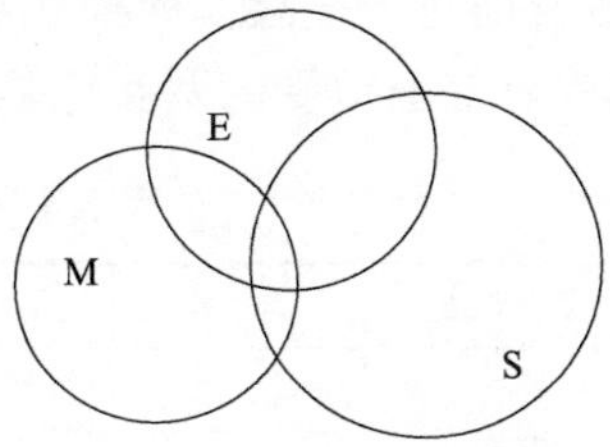

图 2.5　事故发生情况集合图

轨迹交叉论指出了人和物的因素在事故致因中占有同样重要的地位，同时为我们提供了一个预防地铁事故发生的思路——通过避免人的不安全行为和物的不安全状态之间的轨迹交叉。该理论的缺点在于无法解释复杂情况下人、物轨迹的作用机理，并且忽视了管理、环境以及信息等因素。

2.1.4　博德事故因果连锁理论

博德认为管理原因是事故的根源所在，对海因里希事故连锁理论加以深化研究后，于 1976 年在海因里希的基础上提出了现代事故因果连锁理论，并首次将管理明确引入事故致因链中。

虽然博德的事故因果连锁模型同样为五个因素，但每个因素的含义与海因里希的都有所不同，如图 2.6 所示，分别为：管理缺陷（事故的根本原因）、个人及工作条件的原因（由管理缺陷造成的）、直接原因（人的不安全行为或物的不安全状态）、事故（人体或物体与超过其承受阈值的能量接触）、损失（人员伤害及财物损坏）。

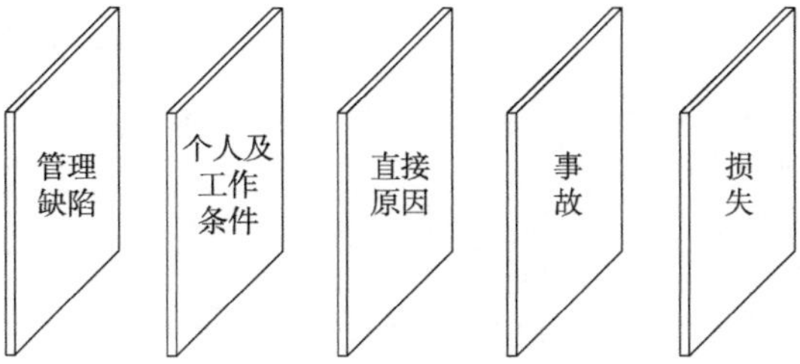

图 2.6　博德事故因果连锁模型

该理论较海因里希的因果链锁论有了很大进步，博德推导出不安全行为和不安全状态只是引起事故的表面原因，虽然在实践过程中需要多加注意，然而却不是事故发生的根本原因。博德提出管理缺陷是发生事故的根本原因，管理上的失误才造成了对事故发生的危险源控制不足，因而导致了事故的发生[49]。

该理论有力地抨击了“事故不可避免”的错误认识，提出在许多情况下，可以采取恰当的管理措施减少事故的发生频率及降低事故造成的损失，改进了之前从个人特质方面寻找事故根源的做法。

2.2　危险源分类理论

本书对危险源的定义是可能导致人员伤亡、健康受损、经济损失和环境破坏的物质或能量。在建筑工程特别是地铁施工建设领域，危险源存在的方式多种多样，从本质上来说，安全事故的发生就是危险源以不受控制的方式意外释放能量从而产生非预期的效果。

2.2.1　按危险源在事故发生发展过程中的作用分类

在现代安全科学理论中，危险源是人们认识事故形成机理的重要因素。但在学术研究领域，目前对于危险源的描述和表达并不统一，也未很好地阐述危险源的分类表达和描述方法，学术界普遍接受的两类危险源分类和三类危险源分类法，详见表 2.1。

表 2.1　危险源在事故发生发展过程中的作用分类代表观点

代表观点	类　别	具体描述
两类危险源理论	第一类	系统中存在的、可能发生意外释放的能量或危险物质
	第二类	导致能量或危险物质的约束或限制措施意外失效或破坏，进而引发能量或危险物质意外释放的各种不安全因素，如人的行为失误、物的故障状态、环境因素等
三类危险源理论	第一类	承载可能导致危险的能量的物质
	第二类	物的故障、可能造成破坏的物理环境
	第三类	由于人的不安全行为造成系统失控的不安全因素

钱新明与陈宝智[6]将事故归结为一类危险源和二类危险源作用的合力，认为第一类危险源决定了事故的影响程度，第二类危险源决定了事故发生的概率大小。田水承[50]的理论创新之处在于提出了第三类危险源，第三类危险源的出现揭示出安全事故发生更深层次的原因。

2.2.2　按导致事故和职业危害的直接原因进行分类

根据《生产过程危险和有害因素分类与代码》(GB 13861—2009)的规定，将生产过程中的危险因素与有害因素危险源分为人的因素、物的因素、环境因素、管理因素四大类，详见表 2.2。

表 2.2　生产过程危险和有害因素分类

主要因素	具体分类
人的因素	①心理、生理性危险和有害因素：负荷超限，健康状况异常，从事禁忌作业，心理异常，辨识功能缺陷等 ②行为性危险和有害因素：指挥错误，操作错误，监护失误以及其他
物的因素	①物理性危险和有害因素：设备、设施、工具、附件缺陷，无防护，电伤害，噪声，振动危害，电离、非电离辐射，运动物伤害，明火，高温、低温物质，信号缺陷，标志缺陷，有害光照等 ②化学性危险和有害因素：爆炸品，压缩气体和液化气体，易燃液体，易燃固体、自燃物品和遇湿易燃物品，氧化剂和有机过氧化物，有毒物品，放射性物品，腐蚀品，粉尘与气溶胶等 ③生物性危险和有害因素：致病微生物，传染病媒介物，致害动物，致害植物等
环境因素	①室内作业环境不良：室内地面湿滑、不平，室内作业场所狭窄、杂乱，室内楼梯、室内安全通道、房屋安全出口缺陷，地面、墙和天花板上的开口缺陷，房屋基础下沉，采光、作业场所空气、室内给排水不良，室内温度、湿度、气压不适，室内涌水等 ②室外作业场地环境不良：恶劣气候与环境，作业场地和交通设施湿滑，作业场地狭窄、杂乱、不平，巷道狭窄、有暗礁或险滩，脚手架、阶梯、地面开口、建筑物和其他结构缺陷，作业场地基础下沉，作业场地安全通道、安全出口缺陷，作业场地光照、空气不良，作业场地温度、湿度、气压不适，作业场地涌水等 ③地下(含水下)作业环境不良：隧道/矿井顶面、正面或侧壁、地面缺陷，地下作业面空气不良，地下火，冲击地压，地下水，水下作业供氧不足等其他作业环境不良
管理因素	①职业安全卫生组织机构不健全，②职业安全卫生责任制未落实，③职业安全卫生管理规章制度不完善，④职业安全卫生投入不足，⑤职业健康管理不完善等

2.2.3　参照事故类别进行分类

根据《企业职工伤亡事故分类》(GB/T 6441—1986)，综合考虑事故的起因物、诱导性原因、致害物、伤害方式等特点，将危险源及危险造成的事故分为 20 类，详见表 2.3。

表 2.3　企业职工伤亡事故分类

事故分类	具体说明
物体打击	指物体在重力或其他外力作用下产生运动，打击人体或造成人身伤亡事故，不包括因机械设备、车辆、起重机械、坍塌等引发的物体打击
车辆伤害	指企业机动车辆在行驶中引起人体坠落或物体倒塌、下落、挤压伤亡事故，不包括起重设备提升、牵引车辆和车辆停驶时引发的车辆伤害
机械伤害	指机械设备的运动或静止的部件、工具、加工件与人体接触引起的夹击、碰撞、剪切、卷入、绞、碾、碰、割、戳等伤害，不包括车辆、起重机械引起的机械伤害
起重伤害	指各种起重作业中发生的挤压、坠落、物体打击和触电事故的危险
触电	包括电击、电伤和雷击伤害事故
淹溺	人体落入水中造成伤害的危险，包括高处坠落淹溺，不包括矿山、井下透水淹溺
灼烫	指火焰烫伤、高温物体烫伤、化学灼伤、物理灼伤等危险，不包括电灼伤和火灾引起的烧伤危险
火灾	由于火灾而引起的烧伤、窒息、中毒等伤害的危险，包括由电气设备故障、雷电等引起的火灾伤害的危险
高处坠落	指在高处作业时发生坠落造成冲击伤害的危险。不包括触电坠落和行驶车辆、起重机坠落的危险
坍塌	物体在外力或重力作用下，超过自身的强度极限或因结构、稳定性破坏而造成的危险（如脚手架坍塌、堆置物倒塌等）。不包括车辆、起重机械碰撞或爆破引起的坍塌
冒顶片帮	指矿井、隧道、涵洞开挖、衬砌过程中因开挖或支护不当，顶部或侧壁大面积垮塌造成伤害的事故
透水	井下没有采取防治水措施、没有及时发现突水征兆或发现突水征兆没有及时采取防探水措施或没有及时探水，裂隙、溶洞、废弃巷道、透水岩层、地表露头等积水进入采空区、巷道、探掘工作面，造成井下涌水量突然增大而发生淹井事故
放炮	爆破作业中所存在的危险
火药爆炸	指火药、炸药在生产、加工、运输、储存过程中发生爆炸的危险
瓦斯爆炸	井下瓦斯超限达到爆炸条件而发生瓦斯爆炸的危险
锅炉爆炸	锅炉等发生压力急剧释放、冲击波和物体（残片）作用于人体所造成的危险
容器爆炸	压力容器、乙炔瓶、氧气瓶等发生压力急剧释放、冲击波和物体（残片）作用于人体所造成的危险
其他爆炸	可燃性气体、粉尘等与空气混合形成爆炸性混合物，接触引爆能源（包括电气火花）发生爆炸的危险
中毒和窒息	化学品、有害气体急性中毒、缺氧窒息、中毒性窒息等危险
其他伤害	除上述因素以外的一些可能的危险因素，例如体力搬运重物时碰伤、扭伤、非机动车碰撞轧伤、滑倒（摔倒）碰伤、非高处作业跌落损伤、生物侵害等危险

2.3　风险分析理论

在已有的事故致因理论与危险源分类理论的支撑下，还需要对风险进行分析。风险分析包括风险识别、风险估计与风险评价。

风险识别是通过一定的方法对工程建设过程中的潜在风险因素进行系统地分析和梳理，是进行风险分析的基础阶段。风险估计是通过概率论和数理统计的方法对辨识出来的风险因素进行定量计算，估计其发生的概率及其有可能造成损失的过程。风险评价是对相应的风险进行综合评价分析，判断风险的危险性等级的过程。

2.3.1 风险识别

风险识别是风险分析的第一步，是指运用各种方法对工程建设过程中的潜在风险因素加以系统的分析、甄别和归类统计，列出工程建设的风险清单。

要做好风险识别工作，首先需要收集完整的工程资料，风险识别的客体是建设工程项目，不能收集到完整的建设工程项目资料则不可能做好风险辨识工作。在收集资料过程中，需要侧重于工程自身信息、环境数据资料、外界风险信息、类似工程信息的资料收集。

在收集各种工程资料和相关信息时，要遵循针对性、完整性、系统性、重要性、动态性、科学性、预测性等原则对风险进行识别。

风险识别需要从事者有丰富的系统性工作经验及对识别方法的熟练掌握，风险识别的主要方法主要有德尔菲法、头脑风暴法、情景分析法、核对表法、故障树分析法等，详见表 2.4。

表 2.4 风险识别的主要方法

方　　法	具 体 内 容
德尔菲法	选定与该项目有关的专家，并与之建立联系，通过询问调查，收集专家意见后加以综合整理，反馈给各位专家，再次征询意见，如此反复，逐步使专家意见趋于一致，可以作为最后预测和识别的依据
头脑风暴法	通过借助专家经验以及创造性思维来获取信息，并促使专家相互交流，不断完善结果的一种识别方法
情景分析法	通过对系统内外相关问题的系统分析，设计出多种可能的未来前景，对系统发展作出情景和画面描述，并对项目的风险进行预测和识别
核对表法	把人们经历过的风险事件及其来源罗列出来，写成一张核对表，上面包括项目的环境、项目产品和技术资料及内部因素
故障树分析法	一种逻辑演绎方法，是从结果出发推导出原因的逻辑模型，可以用来推导系统发生故障的原因，还原事故发生的过程

在下文的风险因素指标筛选时，将首先采用专家调查的方法，咨询现场施工人员、拥有多年工作经验的技术人员以及相关专家，全面完整的辨识施工风险因素。然后对常见的事故类型使用鱼骨图进行深入分析，探究各个因素之间的相互关联性，有助于理解各个原因之间是如何相互影响的。

2.3.2 风险估计

风险估计是建立在风险辨识的基础之上，工程技术人员通过对工程的风险辨识得出风险清单后，就可以运用概率论和数理统计的方法对风险发生的概率和风险发生造成的损失进行定量估计，并据此整理出各类潜在风险的危害程度。风险估计可以对风险因素定量化分析，为风险管理者进行决策、管理技术选择提出可靠的科学数据。风险估计主要有五个方面的目的，详见图 2.7。

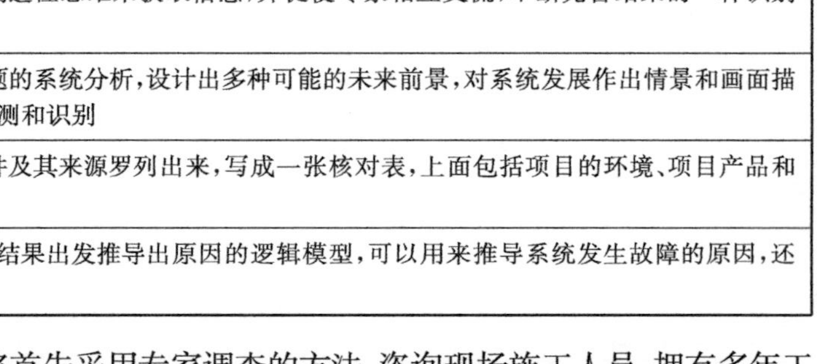

图 2.7 风险估计的目的

2.3.3　风险评价

风险评价是建立在风险辨识和风险估计的基础之上，对特定风险的发生概率及其发生后造成的损失进行综合性评价，得出风险分级排序的过程，然后根据风险等级划分及风险接受准则得出风险的危险性等级及项目关键风险因素。在此基础上给出风险的控制措施，保障工程的顺利开展。

风险评价的内容应包括风险的存在性、发生时间、发生可能性、发生后的影响与损失、风险级别五个方面，具体说明详见表 2.5。

表 2.5　风险评价的主要内容

主要内容	具体说明
风险是否存在	识别出的风险应考虑存在与否，由于时间或者环境等因素的变化，一些风险其实并不存在，这就需要对设备系统的及时信息进行更新，以便获得最准确的判断
风险发生的时间	指的是风险可能发生的大概时间，对风险预警有很大作用
风险发生的可能性	通过用风险评价方法研究风险自身的规律性，并用概率表示
风险的影响与损失	风险的影响十分复杂，影响程度有大有小，这就需要重点关注影响大的风险，以防项目停工或者报废
风险级别	风险因素非常多，但人们并不能对所有风险都十分重视，否则将大大提高管理费用，并干扰正常决策过程。这就需要对项目诸多风险进行比较和评价，以确定它们的先后顺序

目前常用的风险评价分析方法较多，其原理和特点各不相同，在应用中有着各自的优缺点和适用范围，但大致可以分为三类：定性分析法、定量分析法、定性定量综合分析法，其分析方法详见表 2.6。

表 2.6　风险评价方法汇总表

风险评价方法	介绍	特点	举例
定性分析法	主要依靠分析人员的洞察力和分析能力，借助经验、知识、专家意见以及逻辑判断能力对风险进行分析与判断	简单、易懂、节约时间与资源；缺乏准确度，风险概率与后果无法量化，分析结果易受分析人员的主观因素影响	德尔菲法 安全检查表 解释结构模型
定量分析法	一种以试验数据或统计数据为依据，通过建立数学模型，运用数学计算或数值分析方法对风险进行量化分析的方法	安全以客观、定量的数据为依据，有较强的科学性和可靠性；分析过程较为复杂，耗费时间与资源较大	蒙特卡罗法 敏感性分析法
定性定量分析法	采用定性与定量相结合的方式，是一种介于定性与定量之间综合性风险分析方法	兼有定性分析法与定量分析法的共同特点，力求弥补两者各自不足，以达到风险分析的目的	层次分析法 模糊综合评价法 故障树分析法 事件树分析法

第3章　地铁施工事故案例统计与分析

自我国1965年7月1日第一条地铁——北京地铁1号线开工建设以来，截至2020年12月31日，全国(不含港澳台)共有44个城市开通运营城市轨道交通线路233条，运营里程7 545.5公里，车站4 660座，实际开行列车2 528万列次，完成客运量175.9亿人次，进站量109.1亿人次。

相较于英国、法国、美国、日本等发达国家近百年的城市轨道交通发展历史，我国城市轨道交通建设经验还很不足，虽然我国在20世纪60年代就开始了地铁建设，但是大规模建设也就是21世纪以来的近20年时间里。加之城市地铁建设多位于人口密集、商业繁华的地段，施工环境复杂，施工难度较大，而与之相应的施工及管理人员素质不高。因此，在我国地铁高速发展的近一段时期内地铁施工事故屡有发生，造成严重的社会经济损失和恶劣的负面影响。

我国在煤矿事故、交通事故、危险化学品事故等统计方面的研究比较多，但是在地铁施工事故方面统计较少，有关地铁事故统计大部分仅限于运营阶段事故和火灾事故等。而事故案例发生的原因、类型、条件等对相似地质条件下的新建地铁施工的安全管理有极大的参考意义。因此通过对历史事故资料的分析，揭示事故发生特征和规律，可以为预防事故发生和提高地铁施工安全管理水平提供指导。

因此，本章将对城市地铁施工事故案例进行统计与分析，从事故类型、发生时间、风险源指向、事故后果等多方面进行分析，剖析事故发生的内在规律和原因，为后文的风险管理研究提供数据支持。

3.1　事故案例收集与分析方法

本次事故案例统计以城市地铁施工阶段发生的典型事故为对象，不包括地铁设计、勘察和运营等阶段发生的事故。事故案例统计范围为2001年至2019年，事故数据主要来源于中华人民共和国住房和城乡建设部数据，以及公开发表的新闻媒体报道、学术期刊、硕博论文等。

事故数据分析主要包括事故特征统计和事故规律分析，其中特征统计主要包括事故发生时间、事故发生地点、事故类型、风险源指向；采用的表现形式包括表格、柱形图、折线图和饼状图。

3.2　事故案例统计与分析

3.2.1　事故案例收集

通过网络检索和文献查阅，收集到2001—2019年地铁施工事故共计239起，事故详表见附录Ⅰ。事故详表中主要包括事故发生时间、事故发生地点、事故经过及后果、事故类型、事故原因、事故风险源指向和事故数据来源。

因篇幅和条件所限，部分含有详细专家调查报告的事故案例发生原因及经过等未全部在表中列出，仅提取关键信息作简要介绍。虽然事故案例信息采集并不全面，但对这些具有代表性的地铁事故进行统计分析，仍然可以从不同的角度揭示地铁建设事故的潜在发生规律。

3.2.2　事故特征统计及规律分析

不同的事故案例具有不同的事故类型、发生条件及发生原因，其事故特征也不同，从不同的事故特征着手统计分析，可以获得不同角度下的事故内在规律，有利于研究事故发生的本质。

3.2.2.1　按事故类型统计

依据《企业职工伤亡事故分类》，结合地铁施工状况，对 239 起地铁施工事故案例进行分类，统计结果见表 3.1 和图 3.1、图 3.2 所示。

表 3.1　地铁施工事故类型统计

事故类型	事故数量（起）	事故占比（%）	死亡事故	死亡发生率（%）	死亡人数	单次死亡率（%）	死亡事故死亡率（%）
坍塌	95	39.75	51	53.68	133	140.00	260.78
高处坠落	39	16.32	39	100.00	43	110.26	110.26
物体打击	25	10.46	24	96.00	26	104.00	108.33
机械伤害	16	6.69	15	93.75	15	93.75	100.00
起重伤害	13	5.44	11	84.62	17	130.77	154.55
车辆伤害	11	4.60	11	100.00	15	136.36	136.36
其他类型	11	4.60	8	72.73	11	100.00	137.50
中毒和气体泄漏	11	4.60	6	54.55	13	118.18	216.67
火灾	6	2.51	2	33.33	4	66.67	200.00
触电	5	2.09	5	100.00	6	120.00	120.00
爆炸	4	1.67	4	100.00	6	150.00	150.00
透水	3	1.26	0	0.00	0	0.00	/

注：①单次死亡率为平均每次事故发生的死亡率，即死亡人数/事故数量×100%；

②死亡事故死亡率为平均每次死亡事故发生的死亡率，即死亡人数/死亡事故数量×100%。

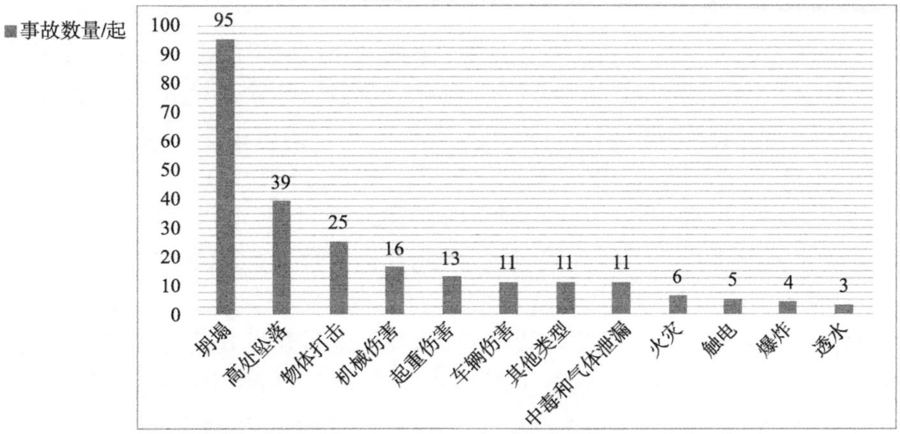

图 3.1　事故类型统计柱形图

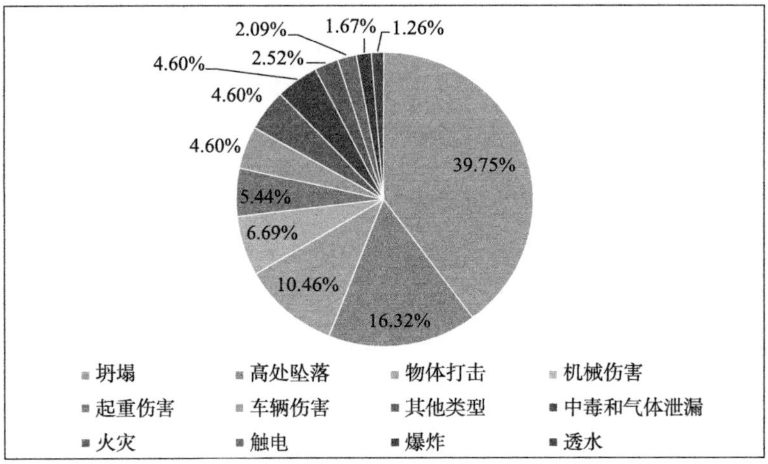

图 3.2 事故类型比例饼状图

根据统计结果显示，2001—2019 年地铁施工事故共有 12 种类型，分别为坍塌、高处坠落、物体打击、机械伤害、起重伤害、车辆伤害、中毒和气体泄漏、火灾、触电、爆炸、透水以及其他类型。由图 3.1 和图 3.2 可知，坍塌、高处坠落和物体打击是地铁施工阶段最主要的三种事故类型。其中坍塌事故共 95 起，占事故总数的 39.75%；高处坠落事故共 39 起，占事故总数的 16.32%；物体打击事故共 25 起，占事故总数的 10.46%。统计表明，坍塌事故是我国地铁施工中发生次数最多的事故类型，占比接近 40%，是地铁施工需要重点关注的危险源。

由表 3.1 可知，事故死亡发生率最高的是高处坠落、车辆伤害、触电和爆炸四种事故类型，均为 100%的死亡发生率，虽然爆炸的事故总数占比不大，但爆炸的单次事故死亡人数为 1.5 人，为所有事故之最。死亡事故死亡率最高的是坍塌、中毒和气体泄漏以及火灾三种事故，在这三类事故中，发生死亡情况的事故的平均死亡人数均不小于 2 人，由此可见，这三类事故最容易造成严重的人员损失和恶劣的社会影响。

3.2.2.2 按年份统计

通过对 2001—2019 年的地铁施工事故统计，选取每年的事故数量、死亡人数、死亡比率（死亡人数/年份事故数量）三项指标。按照年份进行统计，由此获得事故发生与时间之间的相关性，统计结果如图 3.3 所示。

根据统计结果显示，2001—2019 年我国地铁施工事故大体上呈现逐年增长趋势，大致可以分为三个阶段：第一阶段为 2001—2007 年，在此阶段我国地铁建设规模不大，主要集中在少数经济发达的大城市，因此事故发生次数较少，根据收集到的事故案例显示，这七年全部事故均发生在北京、上海、广州、深圳、南京这 5 个城市。第二阶段为 2008—2011 年，2008 年由于北京奥运会的举办，北京等地进入了地铁建设的快速发展时期，由于地铁建设规模的增大，地铁施工阶段的安全问题也得到了较高的重视，因此在这阶段虽然地铁建设体量较前几年有明显增加，但事故发生的次数并没有因此而有明显的上升。第三阶段为 2012—2019 年，这一阶段国家密集批复了大量城市轨道交通建设的规划，我国地铁建设真正进入爆发式发展时期，在建线路逐年增加，建设速度加快，建设规模增大，在此背景下，事故发生次数逐年增加。

由图 3.3 可知，在 2008 年死亡比率达到了最高值，原因是 2008 年 11 月 15 日，杭州地铁 1 号线萧山湘湖站施工工地发生一起十分严重的坍塌事故，造成 21 人死亡。此次事故之后地

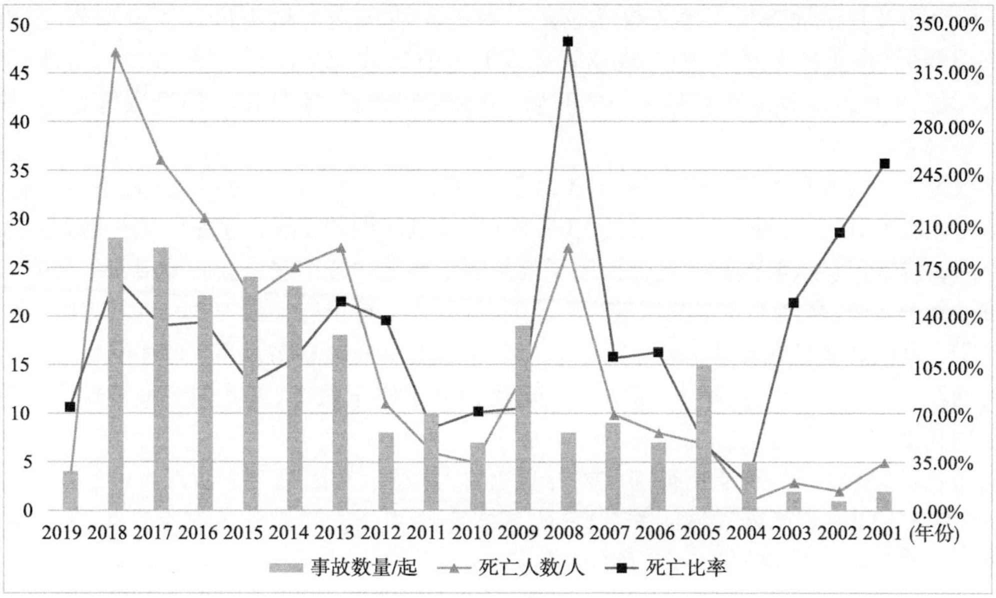

图 3.3　事故发生按年份统计

铁建设安全得到了极大重视，随着《地铁及地下工程建设风险管理指南》的颁布，死亡人数逐年下降。随着地铁建设规模的增大，可以从图 3.3中看出虽然 2010—2013 年期间发生的地铁施工事故数量较 2009 年有所下降，但是总体仍呈上升趋势，且死亡比率上升较为明显。在这 19 年中，平均死亡比率为 120.92%，其中 12 年死亡比率超过 100%，占比达到 63.16%，且 2011 年以后几乎每一年的死亡比率均保持在 100%以上，由此可见我国在地铁施工阶段的死亡比率比较高，还需要政府等各个层面不断提高安全监督管理力度，加大对施工企业的约束和激励，以达到降低施工安全事故的效果。

3.2.2.3　按月份统计

由图 3.4 可知，事故发生数量与月份之间有着一定联系，具体规律如下：

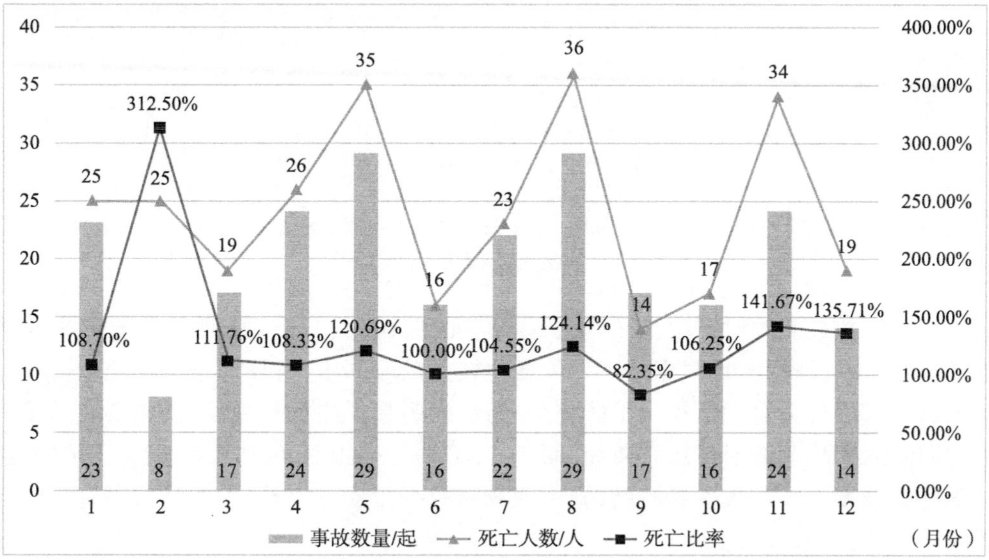

图 3.4　事故发生按月份统计

5月份和8月份地铁施工事故数量最多，5月份是我国南方城市进入梅雨季节，阴雨天气导致气温降低、作业环境湿滑、施工现场能见度低等因素，也就增加了事故发生的可能，从而印证了规律性；8月份是我国天气最炎热的时候，白天时间较长，室外作业环境变得恶劣，使其成为事故高峰期。

事故发生次数紧随其后的是1月份、4月份、7月份、11月份，4月和11月是季节交替月份，受季节变化影响，可能存在为了完成计划工作量，而抢赶工期的情况；1月和7月的事故高发现象则与寒冷、炎热等气候因素有关，这也说明了气候因素对地铁施工安全性有着很大的影响，此外1月份临近我国春节，是施工安全意识最为薄弱的时候，施工单位应加强安全教育的力度。

2月份地铁事故数量最少，是因为每年的2月份正值我国春节期间，同时也是一年里面最冷的时间段。施工工地人员减少，部分施工现场也处于停工状态，因此施工事故数量较其他月份有了明显的降低。

由于我国地域辽阔，季节特征南北差异显著，因此季节性因素对事故产生的影响不能一概而论，需根据不同城市所处地域的季节特征，具体统计和分析其对施工安全产生的影响，采取针对性的应对措施，从而降低安全事故的发生。

3.2.2.4 按时间点统计

附录Ⅰ共收集到地铁施工事故239起，有具体时间记录的事故共230起。选取其中的时间点事故总数、死亡人数、死亡比率三项指标进行数据统计，其结果如图3.5所示。

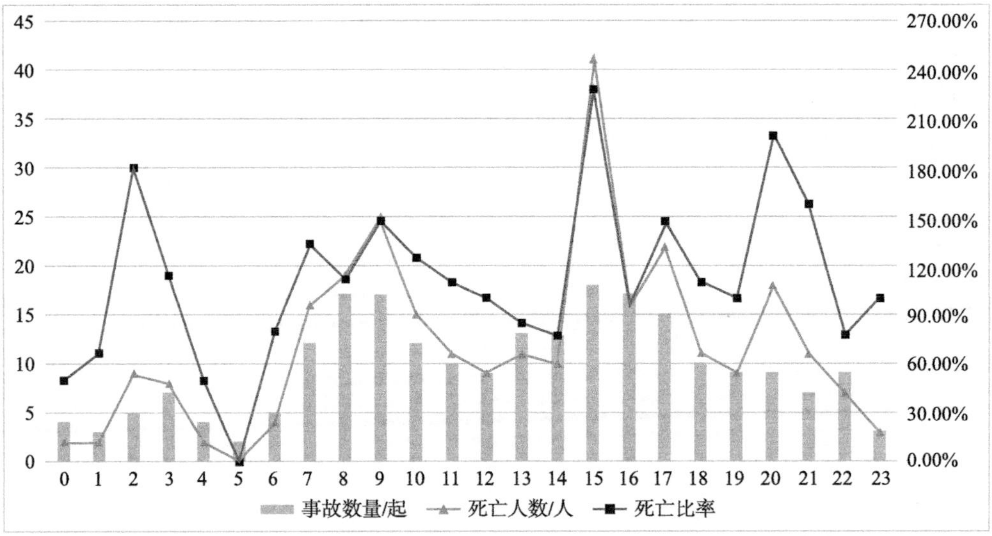

注：0点对应的事故数量，为0:00—0:59期间所发生的事故，其余时间点皆同理。

图3.5 事故发生按按时间点统计

事故发生次数最多的时间段是8:00—9:59和15:00—16:59，其原因在于这些时间段距离工地开工已有一段时间，且气温处于一天变化较大的时间段，身体与精神正处于第一个疲惫期，安全意识降低，行为与大脑指令不能完全一致，很容易产生操作失误，造成事故的发生[51]。

白天期间的事故总数明显高于夜间，而且12:00—12:59期间次数最少，这是因为这个时间段大部分工地都已经进入午餐时间，施工现场只有少量看守人员，主要仪器设备也已停止运行，使得这个时间段事故最少。

3.2.2.5　按省份城市统计

通过对 2001—2019 年的地铁施工事故统计，选取各省份城市的事故数量、死亡人数、死亡比率(死亡人数/年份事故数量)三项指标。按照省份城市进行统计，由此获得事故发生与省份城市之间的相关性，统计结果如图 3.6 所示。

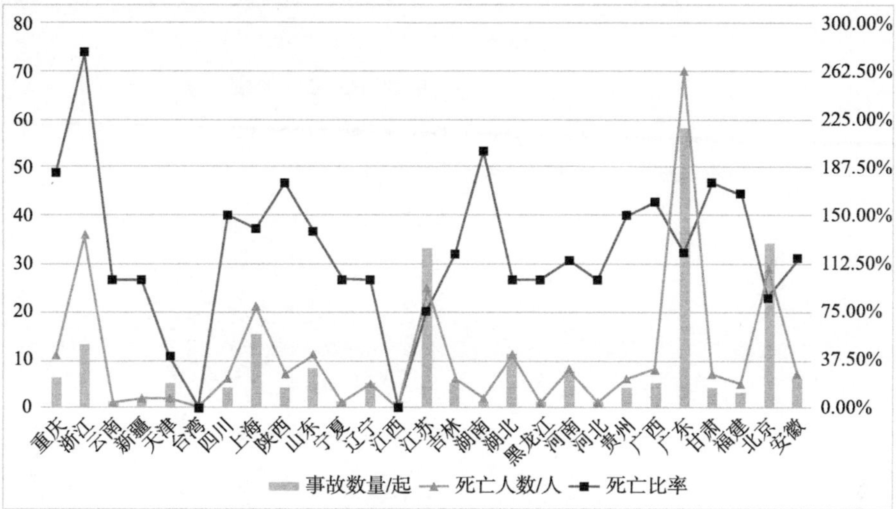

图 3.6　事故发生按省份统计

通过对 2001—2019 年的地铁施工事故统计，选取各个城市的事故数量、死亡人数两项指标。按照省份城市进行统计，由此获得事故发生与城市之间的相关性，统计结果如图 3.7 所示。

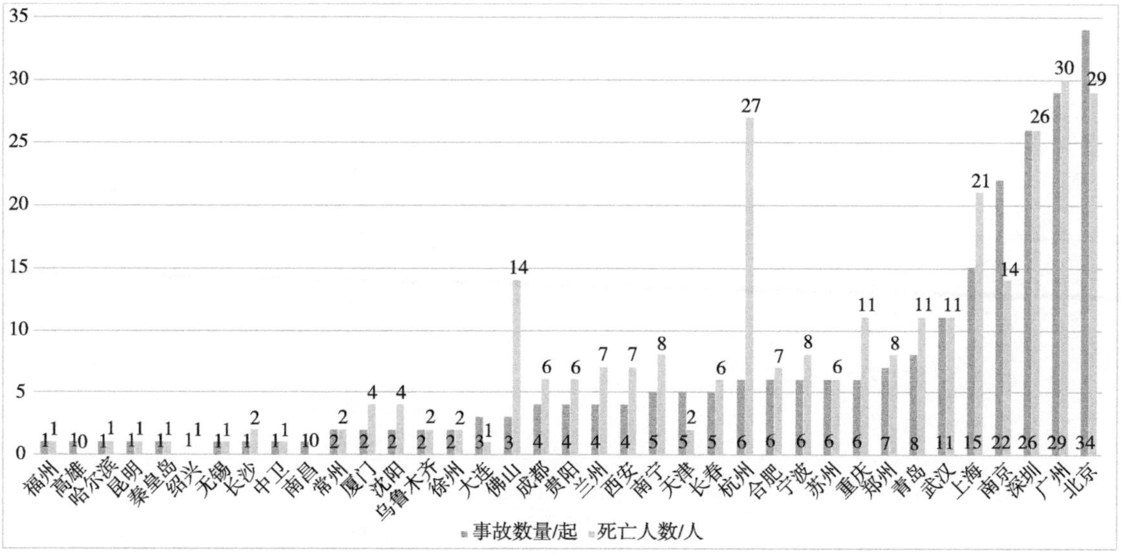

图 3.7　事故发生按城市统计

通过对 2001—2019 年的地铁施工事故统计，并结合对各个城市的地铁运营里程数统计(截至 2018 年12 月 31 日)，选取各个城市的里程数、死亡比率(死亡人数/里程数)两项指标。按照城市进行统计，由此获得事故发生与城市之间的相关性，统计结果如图 3.8 所示。

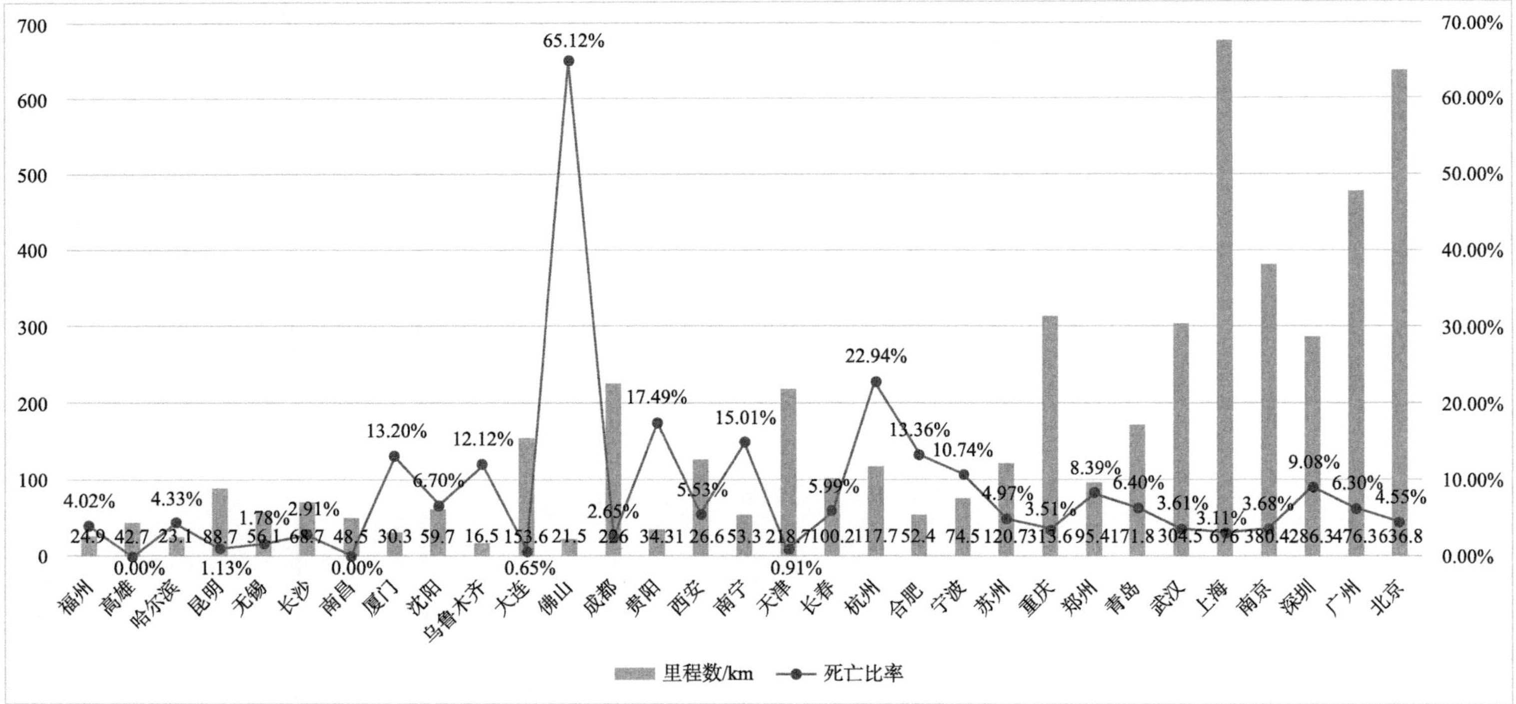

图 3.8　事故发生结合城市里程数统计

由于各省市地铁修建里程数不同，建设管理经验和水平也不同，且地理位置差异较大，按事故发生的数量相比也很难进行比较，故引入城市地铁运营里程数这一数据作对比参考，以增加分析的客观性。

从统计的数据可以发现，地铁事故数量最多的城市分别是北京、广州、深圳、南京、上海五座城市，这五座城市的事故总数占全国事故总数的52.7%，事故死亡人数占全国事故死亡人数的41.5%。虽然这些城市有着很高的事故占比和死亡人数占比，但这并不代表施工安全是全国最低的，应当结合各城市的里程数综合分析。

由图3.8可知，虽然有些城市（如佛山）施工事故总量低，但是死亡比率极高，而北京、广州、深圳、南京、上海这五座城市的死亡比率均较低。这其实反映了多数新地铁的城市由于地质勘探不全、建设管理经验不足等因素，造成初期死亡人数占比较高，而里程数较多的省市的死亡比率则较低的客观现象。

3.2.3　事故风险源指向分析

地铁建设风险贯穿于整个建设过程的各个环节，包括勘察阶段、设计阶段、施工阶段等，而勘察、设计阶段的风险隐患往往在施工阶段才能显现出来，反应出来的就是施工事故的发生，因此，通过剖析与统计事故的风险源指向，可以有效揭露事故发生原因。由于客观条件所限，部分事故（共计105起）原因缺失，将缺失的事故剔除后，得到134起事故的风险源指向统计，见表3.2。

表3.2　事故风险源统计表

主要原因	风险源指向	数　量	比　例
含有“地铁自身”的事故114起，占85.07% 只有“地铁自身”的事故72起，占53.73%	管理不足	57	42.54%
	工人违章作业	43	32.09%
	安全意识匮乏	37	27.61%
	勘察不足	23	17.16%
	设备不达标	21	15.67%
	设计不合理	19	14.18%
	施工质量不合格	17	12.69%
	监理不到位	15	11.19%
	使用无资质人员	5	3.73%
含有“自然因素”的事故62起，占46.27% 只有“自然因素”的事故20起，占14.93%	地质原因	34	25.37%
	地下管线	19	14.18%
	降雨因素	13	9.70%
	水文地质	9	6.72%

由表3.2可知，造成地铁施工事故的主要原因有地铁自身原因和自然因素两类，其中地铁自身原因主要包括管理不足、工人违章作业、安全意识匮乏、勘查不足、设备不达标、设计不合理、施工质量不合格、监理不到位和使用无资质人员等；自然因素主要包括地质原因、地下管线、降雨因素和水文地质等。事故中含有地铁自身原因的有114起，占原因可调查事故总数的85.07%；含有自然因素的有20起，占原因可调查事故总数的46.27%；而由两者综合导致的事故有42起，占原因可调查事故总数的31.34%；由地铁自身原因单独造成的事故有72起，

占原因可调查事故总数的53.73%；由自然因素原因单独造成的事故仅有20起，占原因可调查事故总数的14.93%，如图3.9所示。由此可见，地铁事故绝大多数是由于地铁自身因素或者两者综合因素导致，而单纯由于自然因素而引发的事故数量相对较少。

从风险源指向来看，占比最多的风险源是管理不足、工人违章作业、安全意识匮乏、地质原因，分别占42.54%、32.09%、27.61%、25.37%，需要注意的是此处的比例不是各风险源单独导致事故的比例，而是事故所包含此风险源的比例，一起事故可能由一个或多个风险源造成，因此在统计上有交叉的现象。

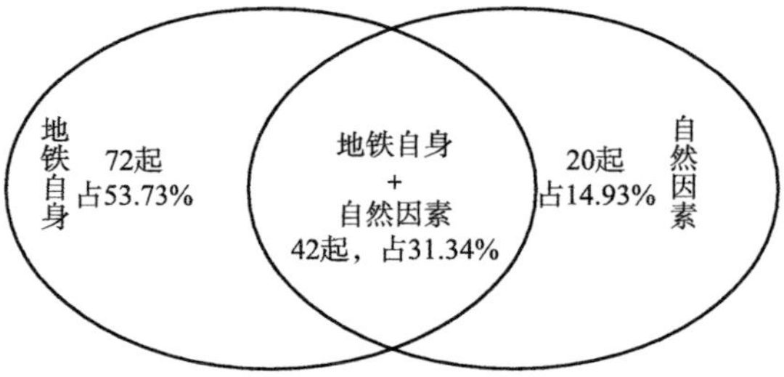

图3.9 事故原因比例示意图

3.2.4 事故致因因素分析

通过上文的事故特征统计及规律分析可知，在地铁施工阶段，坍塌、高处坠落和物体打击这三类事故的数量占比最高。因此，本文采用鱼骨图分析法对这三种主要事故类型，从人的因素、管理因素、物的因素、环境因素这四个方面分析造成这三种事故类型的致因因素。

3.2.4.1 坍塌事故

坍塌事故是指物体在外力或重力作用下，超过自身的强度极限或因结构、稳定性破坏而造成的危险。主要有以下类别：土石方坍塌、脚手架坍塌、堆置物倒塌、模板支撑失稳等。其中，土石方坍塌事故可分为车站深基坑施工中引起的坍塌和隧道掘进施工过程中引起的路面塌陷这两大类。现针对各种类别的坍塌事故进行举例，详见表3.3。

表3.3 坍塌事故分类及举例

类别		举例
土石方坍塌	车站深基坑施工过程中引起的坍塌	基坑支护结构设计不合理或支护不及时而导致的土压力过大，引起维护结构破坏而产生的坍塌
		施工过程中，不慎挖断地下道线造成渗水，使土体软化，承载力降低，从而引起的路面塌陷
		因为地质勘查不足，未提前发现空洞、软弱土层等不良地质条件，而在施工过程中引起的坍塌
	隧道掘进施工过程中引起的路面塌陷	盾构过程中遇到不良地质条件出现坍塌
		隧道围岩自身承载力低引起的隧道土体塌方
		由于围岩支护设计不合理导致坍塌
		施工作业水平低，工人违章作业，在机械掘进过程中机械振动较大，对松散土层造成影响，破坏了土体稳定性，导致坍塌
脚手架坍塌		脚手架的搭设不合理或者底座不稳定，当荷载超过一定限度时，脚手架会发生坍塌
模板支撑失稳		在设计计算时有误或者未经过专家评审或者负荷太大情况下，会引起混凝土模板坍塌
其他一些常见的坍塌事故发生情况		在雨水较多的季节施工时，软弱土层遭受雨水浸泡，土体强度降低，施工过程中再对土体产生扰动，也会引起坍塌事故的发生

利用鱼骨图分析法，从人的因素、管理因素、物的因素、环境因素这四个方面对坍塌事故事故原因进行分析，如图3.10所示。

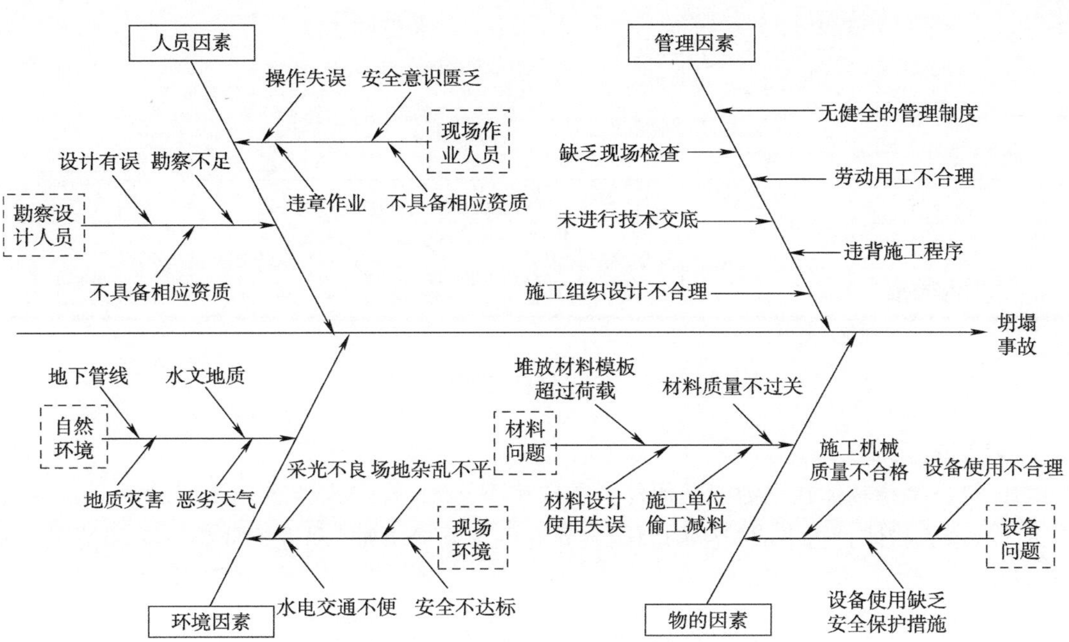

图 3.10 坍塌事故致因因素鱼骨图

3.2.4.2 高处坠落

高处坠落是指在高处作业(当工人作业面在 2 m 及以上时)时发生坠落造成冲击伤害的危险。

在地铁车站施工过程中,最容易发生高处坠落事故的主要有两种情况:①脚手架作业时坠落、②临边洞口坠落。脚手架作业时坠落的具体原因主要有:工人在脚手架上走动时容易踩空、绊倒、滑倒、跌倒;工人由于安全意识匮乏,存在坐在栏杆或脚手架上休息、打闹之类的不安全行为等。临边洞口坠落的具体原因主要有:在临边洞口作业时,操作过程容易踩空,身体失去平衡而从高处坠落;洞口未安装防护设施等。

在地铁施工阶段,造成高处坠落事故发生的原因主要有以下几个方面,现进行分类说明和情况举例,详见表 3.4。

表 3.4 造成高处坠落事故发生的主要原因

造成高处坠落的原因	具体说明和情况举例
工人习惯性违章作业	例如在施工中,不遵守操作规程,在基坑围护结构支撑梁上行走,所搭设的脚手架无防护装置,高空作业时不按照要求系安全带等
部分施工工艺不完善	例如在施工中,不按照施工顺序搭设脚手架,往往在搭设脚手板过程中并未搭设防护栏,这样就使得工人没有得到安全防护
机械设备、防护设施的固有缺陷	例如在施工中,塔吊司机登爬梯进行作业时,塔吊或者爬梯无防护装置、无休息平台,这样会使司机处于一种未受保护状态,容易发生高处坠落事故
安全教育培训落实不到位,安全意识匮乏	施工现场人员组成复杂,有业主、施工单位、监理单位等,施工单位安全教育培训组织太少,技术交底不详细,工人安全思想意识淡薄,不遵守操作规程,监理人员施工验收把关不严格,工作操作过程不使用防护用具,临边作业防护设施不搭设或者搭设不规范

利用鱼骨图分析法从人的因素、管理因素、物的因素、环境因素这四个方面对高处坠落事故原因进行分析,如图 3.11 所示。

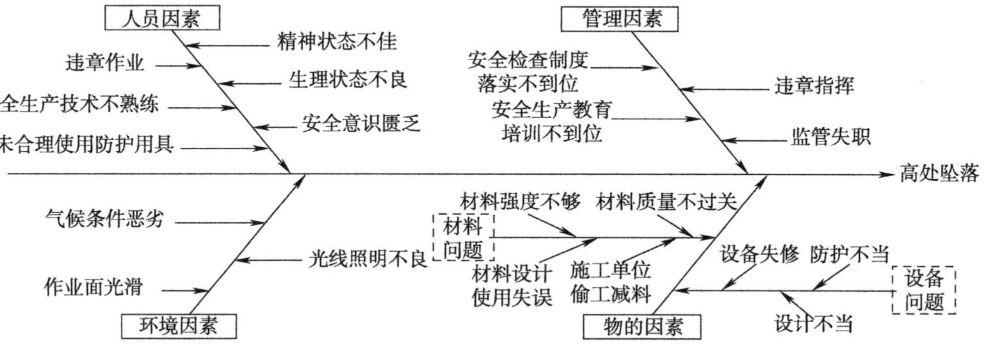

图 3.11 高处坠落致因因素鱼骨图

3.2.4.3 物体打击

物体打击是指物体在重力或其他外力的作用下运动，打击人体造成伤害的危险。在地铁施工阶段，造成物体打击事故发生的原因主要有以下几个方面，现进行分类说明和情况举例，详见表 3.5。

表 3.5 造成物体打击事故发生的主要原因

造成物体打击的原因	具体说明和情况举例
施工现场管理混乱	施工现场环境脏乱差；施工队伍在交叉作业时没安排好进场顺序，在施工作业时不注意安全；施工工人违反劳动操作规程，例如工人在脚手架上作业往下乱扔东西
安全管理不到位	施工现场有坠落可能的物件未进行拆除或未进行加固；拆卸下的构件随意丢弃；安全管理制度不健全；现场管理人员不负责，安全管理仅停留于表面
机械设备不安全	对于明挖法施工的车站，施工主要为露天作业，长期风吹雨打，造成机械设备不安全，例如起重机械制动失灵，钢丝绳、吊钩断裂，链接松脱，滑轮破损，起重吊装时物体绑扎不老，被吊装物超载外溢，吊装索具、索绳不符合安全规范技术要求
安全意识匮乏	由于工人安全意识淡薄，现场安全教育培训未落实或者工人没有认真听安全教育等。人的因素是造成物体打击事故的最主要因素，因此在施工过程中，应该加强对人的管理

利用鱼骨图分析法从人的因素、管理因素、物的因素、环境因素这四个方面对物体打击事故原因进行分析，如图 3.12 所示。

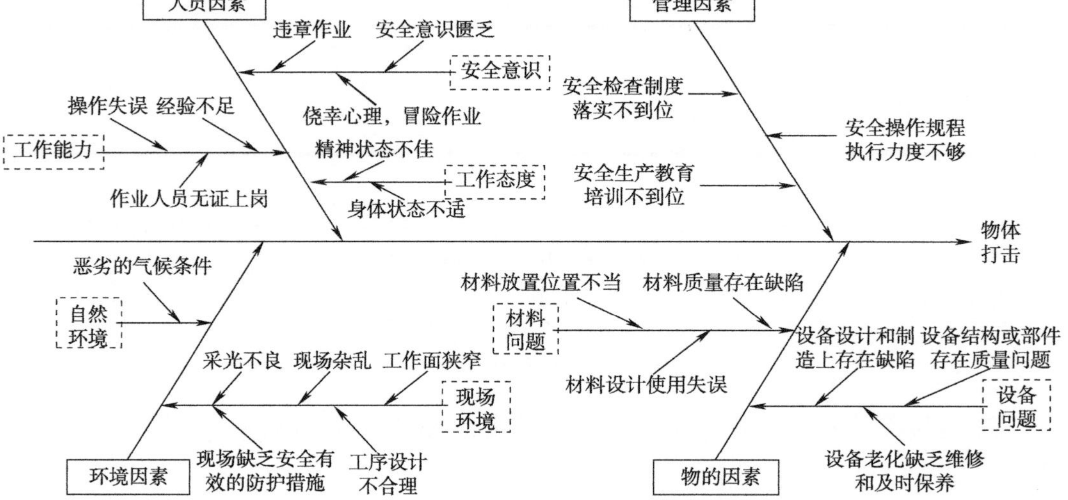

图 3.12 物体打击致因因素鱼骨图

第4章 基于ISM模型的地铁施工过程风险因素分析

解释结构模型(ISM)是分析复杂的社会经济系统有关问题的一种方法，由美国的华费尔特教授于1973年提出，其特点是把复杂的系统分解为若干子系统(要素)，利用人们的实践知识(专家经验)最终将系统构成一个多级递阶的结构模型，为分析系统构成要素之间的相互依赖与制约关系提供了一种结构化与层次化的技术手段，在能源、交通、风险管理、企业管理等领域得到了广泛应用。

解释结构模型的核心思想是识别出某一系统的影响因素构成，分析各个因素之间的相互关系，通过建立邻接矩阵和可达矩阵，利用计算机的辅助计算功能分解可达矩阵，建立该系统的解释结构模型。

4.1 选择系统结构要素

基于收集到的2001—2019年的239起地铁施工事故，根据前文的事故风险源指向分析和鱼骨图分析中施工阶段最常见的三类事故类型的致因因素，按照此方法同理分析其他类型的事故，汇总成一份各类具体风险情况，详见表4.1。

寻找具有10年以上丰富施工和工程管理经验，且具备高级工程师的资质的20名专家，作为后续专家问卷调查的对象。在向专家们询问之前汇总的各类具体风险情况是否合理、有无补充之处的基础上，最后加以整理归类成18个风险因素指标，见表4.1。这些指标为本书所确定的ISM模型系统结构要素。

表4.1 风险影响因素表

代号 S_i	风险指标(影响因素)	具体情况说明
S_1	生理状态	健康状况异常、身体状态不良
S_2	心理素质	心理异常、精神状态不佳
S_3	自然灾害	暴雨、台风
S_4	工程地质与水文	水文地质、地质灾害
S_5	地质勘查	勘察不足
S_6	作业环境	采光不良、场地杂乱不平、水电交通不便、地下管线、恶劣天气、作业面光滑
S_7	施工方案设计	设计有误、施工组织设计不合理、材料设计使用失误
S_8	材料、设备质量	材料质量不过关、施工机械质量不合格、设备结构或部件存在质量问题、设备设计和制造上存在缺陷、材料强度不够
S_9	施工质量	施工单位偷工减料
S_{10}	管理机构及制度	无健全的管理制度、劳动用工不合理、违背施工程序
S_{11}	安全教育培训	安全生产教育培训不到位、安全检查制度落实不到位
S_{12}	安全意识	设备使用缺乏安全保护措施、未合理使用防护用具、存在侥幸心理而冒险作业

续上表

代号 S_i	风险指标(影响因素)	具体情况说明
S_{13}	施工单位技术经验	设备使用不合理、堆放材料模板超过荷载、安全生产技术不熟练
S_{14}	施工现场管理能力	缺乏现场检查、安全操作规程执行力度不够、设备老化缺乏维修和及时保养
S_{15}	监理单位监理能力	监管失职
S_{16}	操作失误	
S_{17}	使用无资质人员	不具备相应资质、作业人员无证上岗
S_{18}	工人违章作业	违章指挥

4.2 建立邻接矩阵

在确定地铁施工事故风险影响因素集合之后，组织前文提到的 20 名专家组成 ISM 工作小组。通过对 ISM 工作小组进行 3 次问卷调查、匿名反馈，并对结果进行整理归纳后，对于没有形成统一意见的风险关系，基于少数服从多数的原则确定其风险关系。最终得出所有风险因素间的关系，判断铁施工事故风险影响因素之间的二元关系，并通过下列步骤计算出邻接矩阵 $\boldsymbol{A}$，$a_{ij}\in\boldsymbol{A}$。

a_{ij} 为邻接矩阵中第 i 行第 j 列所对应的元素，规定：当要素 S_i 对 S_j 有影响时，矩阵元素 a_{ij} 为 1；要素 S_i 对 S_j 无影响时，矩阵元素 a_{ij} 为 0。二元关系是根据地铁施工事故风险影响因素集合中的两个影响因素之间的关系，记为 R。二元关系可以分为可达关系和不可达关系，可达关系用 R 表示，不可达关系用 R^* 表示。

$$\text{即可表示为},a_{ij}=\begin{cases}1 & S_iRS_j \quad (R\text{ 表示 }S_i\text{ 对 }S_j\text{ 有影响})\\ 0 & S_iR^*S_j \quad (R^*\text{ 表示 }S_i\text{ 对 }S_j\text{ 有影响})\end{cases}$$

根据问卷调查得到的各个影响因素之间的二元关系，建立邻接矩阵 $\boldsymbol{A}$。

$$\begin{array}{cccccccccccccccccc} S_1 & S_2 & S_3 & S_4 & S_5 & S_6 & S_7 & S_8 & S_9 & S_{10} & S_{11} & S_{12} & S_{13} & S_{14} & S_{15} & S_{16} & S_{17} & S_{18} \end{array}$$

$$\boldsymbol{A}=\begin{bmatrix}
0&0&0&0&0&0&0&0&0&0&0&0&0&0&0&1&0&0\\
0&0&0&0&0&0&0&0&0&0&0&1&0&1&1&0&0&0\\
0&0&0&0&0&1&0&0&0&0&0&0&0&0&0&1&0&0\\
0&0&0&0&1&0&0&0&0&0&0&0&0&0&0&0&0&0\\
0&0&0&0&0&1&0&0&0&0&0&0&0&0&0&0&0&0\\
0&0&0&0&0&0&1&0&0&0&0&0&0&0&0&1&0&0\\
0&0&0&0&0&0&0&0&1&0&0&0&0&0&0&0&0&0\\
0&0&0&0&0&0&0&0&1&0&0&0&0&0&0&0&0&0\\
0&0&0&0&0&0&0&0&0&0&0&0&0&0&0&0&0&0\\
0&0&0&0&0&0&0&0&0&0&0&0&0&1&1&0&0&0\\
0&0&0&0&0&0&0&0&0&0&0&1&0&0&0&0&0&0\\
0&0&0&0&0&0&0&1&0&0&0&0&0&0&0&0&1&1\\
0&0&0&0&0&0&1&0&0&0&0&0&0&0&0&0&1&1\\
0&0&0&0&0&0&0&1&0&0&0&0&0&0&0&0&1&1\\
0&0&0&0&0&0&0&1&0&0&0&0&0&0&0&0&1&1\\
0&0&0&0&0&0&0&0&0&0&0&0&0&0&0&0&0&0\\
0&0&0&0&0&0&0&0&1&0&0&0&0&0&0&1&0&0\\
0&0&0&0&0&0&0&0&1&0&0&0&0&0&0&1&0&0
\end{bmatrix}$$

4.3 计算可达矩阵

邻接矩阵运算规则为：矩阵运算规则结合布尔代数运算规则[逻辑乘(取大)+逻辑加(取小)]。

矩阵运算：数域 P 上 $m\times n$ 矩阵 $\boldsymbol{A}=[a_{ij}]_{m\times n}$ 与 $n\times t$ 矩阵 $\boldsymbol{B}=[b_{ij}]_{n\times t}$ 相乘所得到的一个 $m\times t$ 矩阵 $\boldsymbol{C}=[c_{ij}]_{m\times t}$，它的第 i 行第 j 列的元素 c_{ij} 等于 $\boldsymbol{A}$ 的第 i 行元素与 $\boldsymbol{B}$ 的第 j 列对应元素乘积之和，即 $c_{ij}=a_{i1}b_{1j}+a_{i2}b_{2j}+\cdots+a_{in}b_{nj}$（但此式中的乘法和加法遵循的是布尔代数运算规则，与寻常的数字计算不同，详见下面关于布尔代数运算的说明），其中 $i=1,2,\cdots,m$；$j=1,2,\cdots,t$。

布尔代数运算：在邻接矩阵 $\boldsymbol{A}$ 中，a_{ij} 只可能是 1 或者 0，且布尔代数中的“1”和“0”不代表数字的大小，而是“1”代表“真”，在本章中可以理解为两个影响因素之间是可达关系；“0”是代表“假”，在本章中可以理解为两个影响因素之间是不可达关系。在布尔代数中，“+”的含义不是数字相加，而是或关系（∨）；“×”的含义不是数字相乘，而是与关系（∧），布尔代数是用于集合运算和逻辑运算的公式，不是数字计算，因此没有减法和除法。所以在本章中的布尔代数运算只涉及以下 8 个式子：$1\times1=1$，$1\times0=0$，$0\times1=0$，$0\times0=0$，$1+1=1$，$1+0=1$，$0+1=1$，$0+0=0$。

计算 $\boldsymbol{A}^k$，如果邻接矩阵 $\boldsymbol{A}$ 的元素中出现 $a_{ij}=1$，则表明从系统要素 S_i 出发，经过 k 条边可达到系统要素 S_j，即系统要素 S_i 与 S_j 之间存在长度为 k 的通道。

对于可达矩阵有如下规定：当邻接矩阵 $\boldsymbol{A}$ 满足 $(\boldsymbol{A}+\boldsymbol{E})^{n+1}=(\boldsymbol{A}+\boldsymbol{E})^n\neq(\boldsymbol{A}+\boldsymbol{E})^{n-1}\neq\cdots\neq(\boldsymbol{A}+\boldsymbol{E})^2\neq(\boldsymbol{A}+\boldsymbol{E})^1$ 时（上述式子运算基于布尔代数运算规则，$\boldsymbol{E}$ 为单位矩阵），则称矩阵 $\boldsymbol{M}=(\boldsymbol{A}+\boldsymbol{E})^n$ 为邻接矩阵 $\boldsymbol{A}$ 的可达矩阵。

利用 Matlab 软件进行编程计算，求解可达矩阵 $\boldsymbol{M}$，编程代码详见附录Ⅱ。

$$
\begin{array}{c}
\quad\quad S_1\ S_2\ S_3\ S_4\ S_5\ S_6\ S_7\ S_8\ S_9\ S_{10}\ S_{11}\ S_{12}\ S_{13}\ S_{14}\ S_{15}\ S_{16}\ S_{17}\ S_{18} \\
\boldsymbol{M}=\begin{bmatrix}
1&0&0&0&0&0&0&0&0&0&0&0&0&0&0&1&0&0\\
0&1&0&0&0&0&0&1&1&0&0&1&0&1&1&1&1&1\\
0&0&1&0&0&1&1&0&1&0&0&0&0&0&0&1&0&0\\
0&0&0&1&1&1&1&0&1&0&0&0&0&0&0&0&0&0\\
0&0&0&0&1&1&1&0&1&0&0&0&0&0&0&0&0&0\\
0&0&0&0&0&1&1&0&1&0&0&0&0&0&0&0&0&0\\
0&0&0&0&0&0&1&0&1&0&0&0&0&0&0&0&0&0\\
0&0&0&0&0&0&0&1&1&0&0&0&0&0&0&0&0&0\\
0&0&0&0&0&0&0&0&1&0&0&0&0&0&0&0&0&0\\
0&0&0&0&0&0&0&1&1&1&0&0&0&1&1&1&1&1\\
0&0&0&0&0&0&0&1&1&0&1&1&0&0&0&1&1&1\\
0&0&0&0&0&0&0&1&1&0&0&1&0&0&0&1&1&1\\
0&0&0&0&0&0&1&0&1&0&0&0&1&0&0&1&1&1\\
0&0&0&0&0&0&0&1&1&0&0&0&0&1&0&1&1&1\\
0&0&0&0&0&0&0&1&1&0&0&0&0&0&1&1&1&1\\
0&0&0&0&0&0&0&0&0&0&0&0&0&0&0&1&0&0\\
0&0&0&0&0&0&0&0&1&0&0&0&0&0&0&1&1&0\\
0&0&0&0&0&0&0&0&1&0&0&0&0&0&0&1&0&1
\end{bmatrix}
\end{array}
$$

4.4 矩阵级间划分

可达集合 $R(S_i)$：要素 S_i 可以到达的要素集合定义为要素 S_i 的可达集合，用 $R(S_i)$ 表示，由可达矩阵中第 S_i 行中所有矩阵元素为 1 的列所对应的要素组成。

先行集合 $Q(S_j)$：可以到达要素 S_j 的要素集合定义为要素 S_j 的先行集合，用 $Q(S_j)$ 表示，由可达矩阵中第 S_j 列中所有矩阵要素为 1 的行所对应的要素组成。

最高级要素集合：一个多级递阶结构的最高要素集合，是指除了可以到达自己本身外，不能到达其他要素组成的集合。其可达集合 $R(S_i)$ 中只包含它本身的要素集，而先行集合中，除包含要素 S_j 本身外，还包括可以到达它的下一级要素。

交集 $A=R(S_i)\cap Q(S_j)$，若当 $i=j$ 时，满足 $R(S_i)=R(S_i)\cap Q(S_j)$，则 $R(S_i)$ 即为最高级要素集。

找出最高级要素集后，即可将其从可达矩阵中划去相应的行和列，接着，再从剩下的可达矩阵中继续寻找新的最高级要素。依次类推，可以找出各级所包含的最高要素集，具体的计算过程详见附录Ⅳ，矩阵级间划分结果如下：

第一级元素为 S_9、S_{16}；

第二级元素为 S_1、S_7、S_8、S_{17}、S_{18}；

第三级元素为 S_6、S_{12}、S_{13}、S_{14}、S_{15}；

第四级元素为 S_2、S_3、S_5、S_{10}、S_{11}；

第五级元素为 S_4。

根据矩阵级间划分结果，绘制得图 4.1 地铁施工风险解释结构模型图。

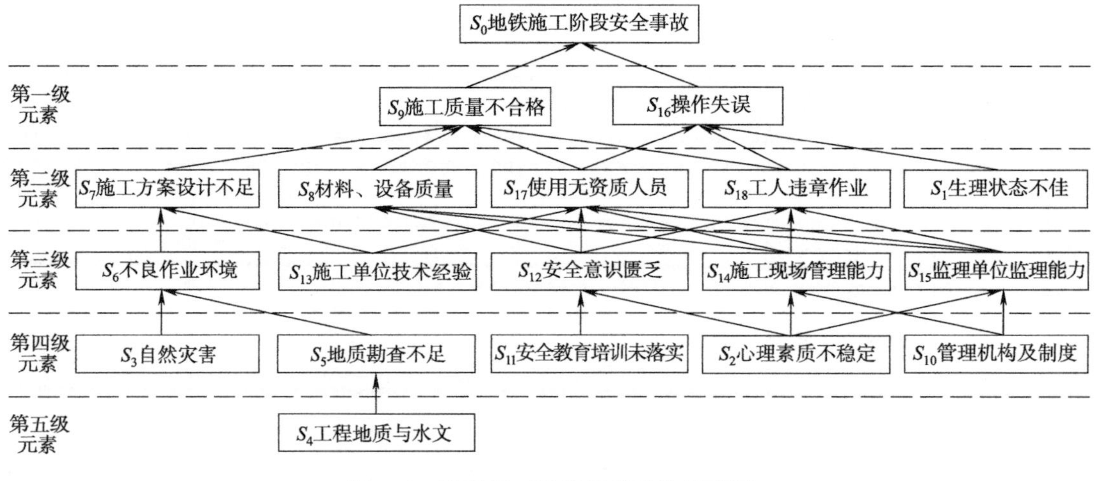

图 4.1 地铁施工风险解释结构模型图

4.5 ISM 结构模型致因路径分析

根据海因里希的事故致因理论，事故产生与传递的过程就像著名的多米诺骨牌一样，一旦其中某一张倾倒，就会引起一系列的连锁反应，导致后一张直至最后一张骨牌依次倒下，最终导致事故的发生。要使事故发生的连锁系列中断，只要清除事故前面的任何一个因素，则风险传递被破坏，就可以避免事故发生。

以这一项理论为依据，对上文绘制的 ISM 结构解释模型图的 38 条事故致因路径进行截断分析，主要基于以下几方面的考虑来分析：该风险因素是客观因素，还是主观因素；清除该风险因素的是否具有较高的可行性；通过清除该风险因素而阻止事故的发生，对比清除其他风险因素，性价比是否高。

对于不同的事故致因路径，若其截断路径的方法为清除同一风险因素，则将这几条路径归为同一类。现对 38 条事故致因路径进行分析，并分类陈述其路径截断方法。

4.5.1　第一类

当 S_5 地质勘查不足为清除风险因素时，致因路径如图 4.2 所示，即为：

S_4 不良工程地质与水文→S_5 地质勘查不足→S_6 不良作业环境→S_7 施工方案设计不足→S_9 施工质量不合格→S_0 地铁施工阶段安全事故。

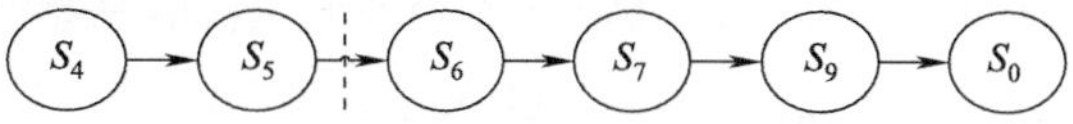

图 4.2　S_5 地质勘查不足的截断路径

如图 4.2 所示的致因路径进行分析可知：S_4 工程地质与水文为客观因素，不能因人力而改变，但 S_5 地质勘查不足为主观因素，可以通过加强前期的地质勘查工作，以杜绝因为工程地质与水文而造成的不良作业环境，从而切断该路径造成事故的可能。地勘质量的控制，施工之前，需组织相关的人员进行技术交底的工作，如机长、施工现场的人员，以及编录的工作人员等。同时应积极组织工作人员进行培训和学习，学习的内容为质量方面的管理等，从而能够提高其对项目质量管理工作重要性的认识，重视质量保证工作的意义，把地质勘察纲要及时发布给所有的机组，达到事前、事后交底，并做好各工序的检查及验收工作。

4.5.2　第二类

当 S_7 施工方案设计不足为清除风险因素时，致因路径如图 4.3 所示，即为：

S_3 自然灾害→S_6 不良作业环境→S_7 施工方案设计不足→S_9 施工质量不合格→S_0 地铁施工阶段安全事故。

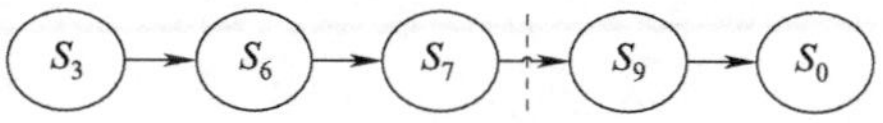

图 4.3　S_7 施工方案设计不足的截断路径

如图 4.3 的致因路径进行分析可知：S_3 自然灾害为客观因素，因其而造成的 S_6 不良作业环境为不可抗力事件，但是施工方案设计的全面与否是由人的行为决定的，是主观可以控制的。在前期施工方案设计时，应当在实地考察的基础上，根据水文地质勘察资料，近年来的气温气候变化情况做好相应的设计工作，同时应充分考虑到施工时会面临的各项突发状况，提前做好应对自然灾害的准备，做好风险控制预案，将 S_7 施工方案设计不足出现的可能降到最低，从而切断该路径造成事故的可能。

4.5.3　第三类

当 S_{11} 安全教育培训未落实为清除风险因素时，致因路径如图 4.4 所示，即为：

(1)S_{11} 安全教育培训未落实→S_{12} 安全意识匮乏→S_8 材料、设备质量→S_9 施工质量不合

格→S_0 地铁施工阶段安全事故

(2)S_{11}安全教育培训未落实→S_{12}安全意识匮乏→S_{17}使用无资质人员→S_9 施工质量不合格→S_0地铁施工阶段安全事故

(3)S_{11}安全教育培训未落实→S_{12}安全意识匮乏→S_{17}使用无资质人员→S_{16}操作失误→S_0 地铁施工阶段安全事故

(4)S_{11}安全教育培训未落实→S_{12}安全意识匮乏→S_{18}工人违章作业→S_9施工质量不合格→S_0 地铁施工阶段安全事故

(5)S_{11}安全教育培训未落实→S_{12}安全意识匮乏→S_{18}工人违章作业→S_{16}操作失误→S_0 地铁施工阶段安全事故

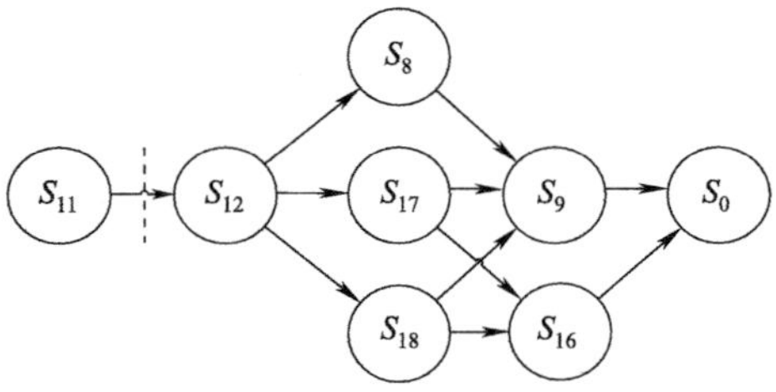

图 4.4 S_{11}安全教育培训未落实的截断路径

如图 4.4 所示的致因路径进行分析可知:S_{11}安全教育培训未落实是管理人员主观行为上的缺失,应当加强工人上岗前的安全教育培训,加大落实力度,杜绝安全教育工作只是表面工作、虽然进行教育但工人并未认真学习等行为的出现,从源头上切断该路径造成事故的可能。对于施工人损的培训是一个长期的过程,不能一蹴而就。因此要定期对施工人员进行专业化培训,强化施工人员的专业操作水平及对技术要点的掌握;加强施工人员对新技术、新材料、新工艺的运用;规范施工人员的操作手法,防止因操作不当引发的安全事故。培训人员还要对施工人员进行定期的考核以检验施工人员对于培训内容的掌握程度,将工作落到实处,一定要对施工人员的综合素质工作提高重视程度,才能更有利于开展工作。

4.5.4 第四类

当 S_{12}安全意识匮乏和 S_8 材料、设备质量为清除风险因素时,致因路径如图 4.5 所示,即为:

S_2心理素质不稳定→S_{12}安全意识匮乏→S_8材料、设备质量→S_9施工质量不合格→S_0地铁施工阶段安全事故

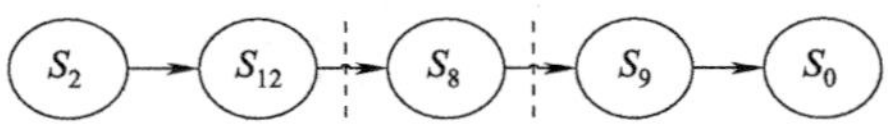

图 4.5 S_{12}安全意识匮乏和 S_8 材料、设备质量的截断路径

如图 4.5 所示的致因路径进行分析可知:S_2 心理素质不稳定虽然是主观可控因素,但是其控制难度较大,从可行性和可操作性角度出发,应该从 S_{12}安全意识匮乏和 S_8 材料、设备质量这两项因素入手:对于提高施工人员的安全意识,可以通过安全教育培训等手段切实提升施工现场作业人员和管理人员的安全意识,还可以引入一些奖励政策,用以鼓励一段时间内,没有任何安全上的违纪行为的作业人员。对于施工材料来说,如果在采购过程中,没有根据工程情况选择合适的施工材料或者是选择价格低廉的施工材料,就会影响整个施工安全。所以,在工程施工过程中,只有保证施工人员自身具备安全意识和使用正确的施工材料,这样才能够减少安全隐患的出现。对于施工机具应当定期检查,防止出现机械老化,防止安全防护装置不全;电源线老化,绝缘性差;带病作业,缺少保养等风险的发生,且要做到施工机具三级配电,两级保护;机械接地,使用顺倒开关等,施工现场多方人员共同监督,杜绝任何

违法的利益交易行为的出现。

4.5.5　第五类

当 S_{12}安全意识匮乏和 S_{17}使用无资质人员为清除风险因素时，致因路径如图 4.6 所示，即为：

(1)S_2 心理素质不稳定→S_{12}安全意识匮乏→S_{17}使用无资质人员→S_9 施工质量不合格→S_0 地铁施工阶段安全事故

(2)S_2 心理素质不稳定→S_{12}安全意识匮乏→S_{17}使用无资质人员→S_{16}操作失误→S_0 地铁施工阶段安全事故

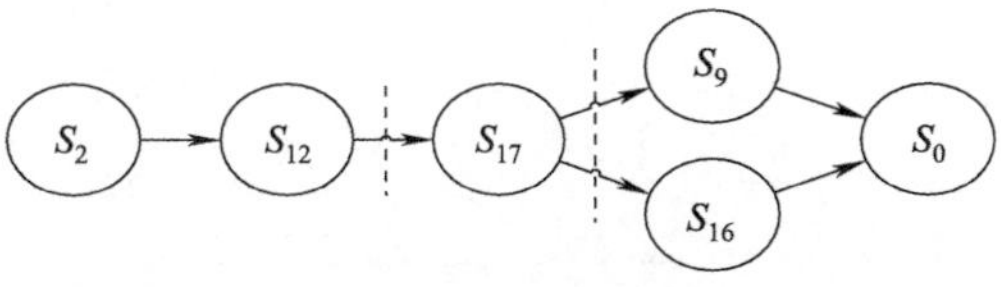

图 4.6　S_{12}安全意识匮乏和 S_{17}使用无资质人员的截断路径

如图 4.6 所示的致因路径进行分析可知：S_2 心理素质不稳定虽然是主观可控因素，但是其控制难度较大，从可行性和可操作性角度出发，应该从 S_{12}安全意识匮乏和 S_{17}使用无资质人员这两项因素入手：对人员安全意识匮乏的情况，可以通过安全教育培训、引入奖励政策等方法来提高人员的安全意识；对于使用无资质人员的情况，应该对所有需要资质要求的施工岗位都进行严格的每日上岗检查和不定期的突击抽查，一经发现使用无资质人员，严格处理所有的相关管理人员和作业人员，在落实检查制度的同时，也要加强安全教育培训中关于使用无资质人员的危害性的教育宣传，努力引导施工现场不使用无资质人员，从不敢为，到不会为，再到不想为。

4.5.6　第六类

当 S_{12}安全意识匮乏和 S_{18}工人违章作业为清除风险因素时，致因路径如图 4.7 所示，即为：

(1)S_2 心理素质不稳定→S_{12}安全意识匮乏→S_{18}工人违章作业→S_9 施工质量不合格→S_0 地铁施工阶段安全事故

(2)S_2 心理素质不稳定→S_{12}安全意识匮乏→S_{18}工人违章作业→S_{16}操作失误→S_0 地铁施工阶段安全事故

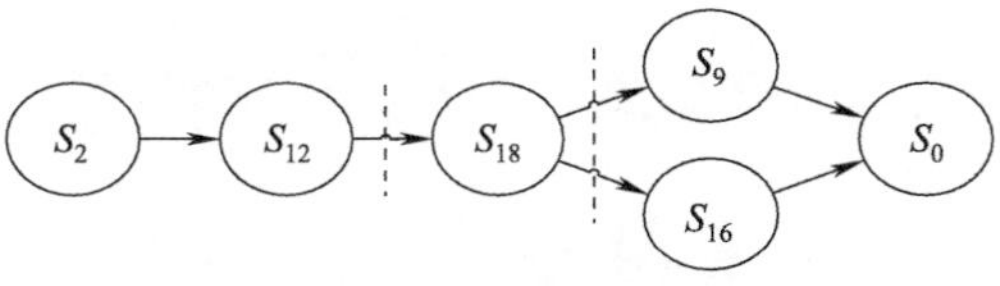

图 4.7　S_{12}安全意识匮乏和 S_{18}工人违章作业的截断路径

如图 4.7 所示的致因路径进行分析可知：S_2 心理素质不稳定虽然是主观可控因素，但是其控制难度较大，从可行性和可操作性角度出发，应该从 S_{12}安全意识匮乏和 S_{18}工人违章作业这两项因素入手：通过安全教育培训、引入奖励政策等手段可以有效提高人员的安全意识。另外，施工现场的安全管理工作应该以加强管理队伍建设为主要任务，对部分工作细心负责的工人进行安全管理培训，先提高一部分人的安全意识和专业技术，进而带动整个施工队伍的能力水平。S_{18}工人违章作业可以分为主观意愿上的因安全意识匮乏而故意违规和客观行为上的因自己施工工艺不够熟练而不小心违规，对于前者，按照解决安全意识匮乏的方法即可，对于后者，则可通过定期开展施工人员的安全生产能力培训，来有效规避这类情况的发生。

4.5.7 第七类

当 S_{14}施工现场管理能力和 S_8 材料、设备质量为清除风险因素时,致因路径如图 4.8 所示,即为:

(1)S_2 心理素质不稳定→S_{14}施工现场管理能力→S_8 材料、设备质量→S_9 施工质量不合格→S_0 地铁施工阶段安全事故

(2)S_{10}管理机构及制度→S_{14}施工现场管理能力→S_8 材料、设备质量→S_9 施工质量不合格→S_0 地铁施工阶段安全事故

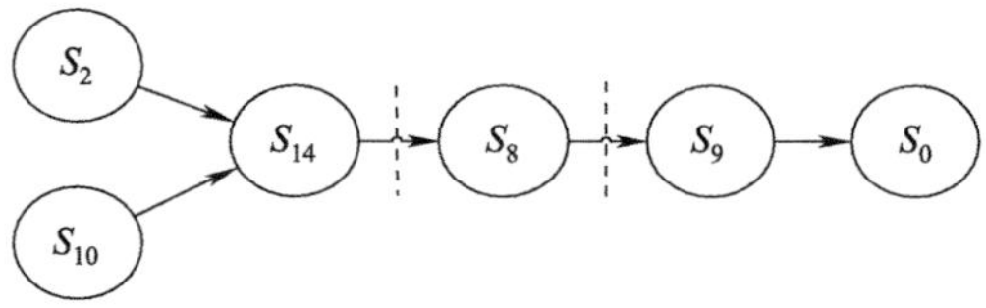

图 4.8 S_{14}施工现场管理能力和 S_8 材料、设备质量的截断路径

如图 4.8 所示的致因路径进行分析可知:S_2 心理素质不稳定和 S_{10}管理机构及制度虽然都是主观可控因素,但是心理素质的稳定与否控制难度较大;管理机构及制度则是牵涉的各方各面繁多,变更难度较大,且这两者因素的阻止都很难短时间内有所成效。从可行性和可操作性角度出发,应该从 S_{14}施工现场管理能力和 S_8 材料、设备质量这两项因素入手:如何确保现场管理的有效性,作者认为应该建立完善的奖惩措施,对于施工阶段出现的管理上失误行为严惩不贷,当项目结束后根据工程全周期的管理成效好坏与否给予管理人员较为丰厚的奖金,把管理成效变为管理人员的业绩,提高他们对管理工作的重视程度。除此之外,施工现场的防护工作要到位,每一个在现场的施工人员及管理者都应该做好自我防护工作,增强安全意识施工的每一个环节都是息息相关的,注意各个环节的协调,加强团队协作精神,规范操作行为,保证现场施工的安全性,完善安全风险上存在的不足之处。对材料和设备的质量,应该做到施工现场的建筑材料、运行设备及安全系统的安全检查工作,从源头上避免或减少事故。入场前严格检查和定期检查,加强日常维修、保养工作,施工现场多方人员共同监督,杜绝任何违法的利益交易行为的出现。

4.5.8 第八类

当 S_{14}施工现场管理能力和 S_{17}使用无资质人员为清除风险因素时,致因路径如图 4.9 所示,即为:

(1)S_2 心理素质不稳定→S_{14}施工现场管理能力→S_{17}使用无资质人员→S_9 施工质量不合格→S_0 地铁施工阶段安全事故

(2)S_2 心理素质不稳定→S_{14}施工现场管理能力→S_{17}使用无资质人员→S_{16}操作失误→S_0 地铁施工阶段安全事故

(3)S_{10}管理机构及制度→S_{14}施工现场管理能力→S_{17}使用无资质人员→S_9 施工质量不合格→S_0 地铁施工阶段安全事故

(4)S_{10}管理机构及制度→S_{14}施工现场管理能力→S_{17}使用无资质人员→S_{16}操作失误→S_0 地铁施工阶段安全事故

如图 4.9 所示的致因路径进行分析可知:S_2 心理素质不稳定和 S_{10}管理机构及制度虽然都是主观可控因素,但是心理素质的稳定与否控制难度较大;管理机构及制度则是牵涉的各方

各面繁多，变更难度较大，且这两者因素的阻止都很难短时间内有所成效。从可行性和可操作性角度出发，应该从 S_{14} 施工现场管理能力和 S_{17} 使用无资质人员这两项因素入手：对于提升施工现场管理能力，作者认为应该建立完善的奖惩措施，把管理成效变为管理人员的业绩，提高他们对管理工作的重视程度。对所有需要资质要求的施工岗位都进行严格的每日上岗检查和不定期的突击抽查，同时也要加强安全教育培训中关于使用无资质人员的危害性的教育宣传，努力引导施工现场不使用无资质人员，杜绝使用无资质人员情况的发生。

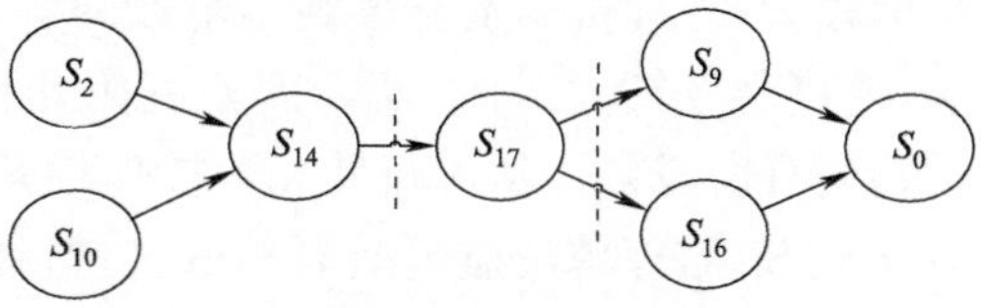

图 4.9　S_{14} 施工现场管理能力和 S_{17} 使用无资质人员的截断路径

4.5.9　第九类

当 S_{14} 施工现场管理能力和 S_{18} 工人违章作业为清除风险因素时，致因路径如图 4.10 所示，即为：

(1)S_2 心理素质不稳定→S_{14} 施工现场管理能力→S_{18} 工人违章作业→S_9 施工质量不合格→S_0 地铁施工阶段安全事故

(2)S_2 心理素质不稳定→S_{14} 施工现场管理能力→S_{18} 工人违章作业→S_{16} 操作失误→S_0 地铁施工阶段安全事故

(3)S_{10} 管理机构及制度→S_{14} 施工现场管理能力→S_{18} 工人违章作业→S_9 施工质量不合格→S_0 地铁施工阶段安全事故

(4)S_{10} 管理机构及制度→S_{14} 施工现场管理能力→S_{18} 工人违章作业→S_{16} 操作失误→S_0 地铁施工阶段安全事故

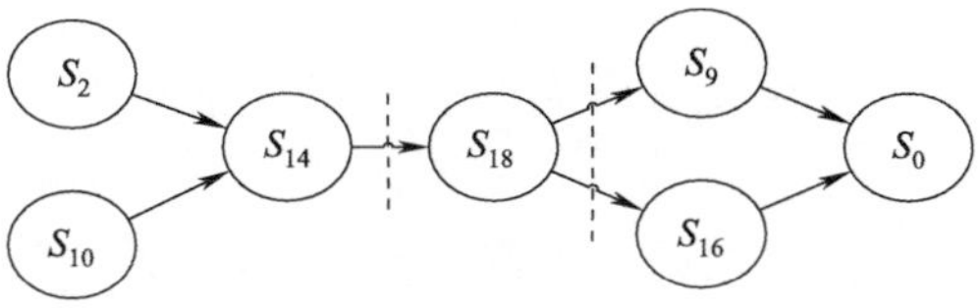

图 4.10　S_{14} 施工现场管理能力和 S_{18} 工人违章作业的截断路径

如图 4.10 所示的致因路径进行分析可知：S_2 心理素质不稳定和 S_{10} 管理机构及制度虽然都是主观可控因素，但是心理素质的稳定与否控制难度较大；管理机构及制度则是牵涉的各方各面繁多，变更难度较大，且这两者因素的阻止都很难短时间内有所成效。从可行性和可操作性出发，应该从 S_{14} 施工现场管理能力和 S_{18} 工人违章作业这两项因素入手。作者认为应该建立完善的奖惩措施，把管理成效变为管理人员的业绩，可以有效提高施工现场的管理能力。对于工人违章作业可以从人员安全意识匮乏而故意违规和施工工艺不够熟练而不小心违规来考虑，对于前者，按照解决安全意识匮乏的方法即可，对于后者，则可通过定期开展施工人员的安全生产能力培训，来有效规避这类情况的发生。

4.5.10　第十类

当 S_{15} 监理单位监理能力和 S_8 材料、设备质量为清除风险因素时，致因路径如图 4.11 所示，即为：

(1)S_2 心理素质不稳定→S_{15} 监理单位监理能力→S_8 材料、设备质量→S_9 施工质量不合格→S_0 地铁施工阶段安全事故

(2)S_{10} 管理机构及制度→S_{15} 监理单位监理能力→S_8 材料、设备质量→S_9 施工质量不合

格→S_0 地铁施工阶段安全事故

如图 4.11 所示的致因路径进行分析可知：S_2 心理素质不稳定和 S_{10} 管理机构及制度虽然都是主观可控因素，但是心理素质的稳定与否控制难度较大；管理机构及制度则是牵涉的各方各面繁多，变更难度较大，且这两者因素的阻止都很难短时间内有所成效。从可行性和可操作性角度出发，应该从 S_{15} 监理单位监理能力和 S_8 材料、设备质量这两项因素入手。如何确保监理的执行力，作者认为可以采取以下措施：①每日每周每月的定期检查和不定期的突击检查。②建立完善的奖惩措施。③加强有针对性的培训。④规范监理工作制度与程序。对材料和设备的质量做到入场前严格检查和定期检查，由施工现场多方人员共同监督，杜绝任何违法的利益交易行为的出现。对材料和设备的质量，应该从入场前对设备材料进行严格检查，加强日常维修、保养工作，一旦出现材料设备异常的情况立即停止使用来规避此类风险。

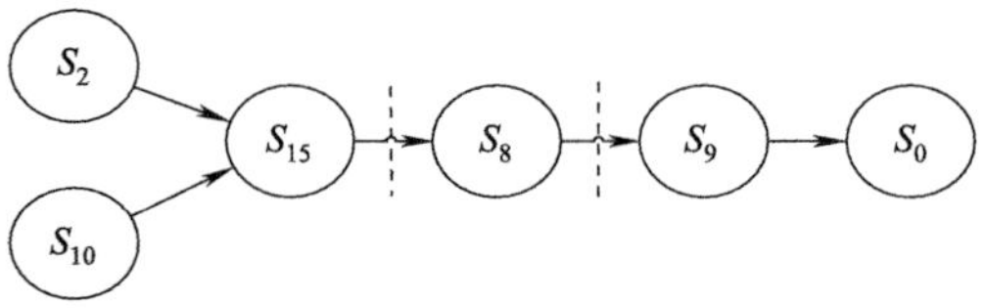

图 4.11　S_{15} 监理单位监理能力和 S_8 材料、设备质量的截断路径

4.5.11　第十一类

当 S_{15} 监理单位监理能力和 S_{17} 使用无资质人员为清除风险因素时，致因路径如图 4.12 所示，即为：

(1)S_2 心理素质不稳定→S_{15} 监理单位监理能力→S_{17} 使用无资质人员→S_9 施工质量不合格→S_0 地铁施工阶段安全事故

(2)S_2 心理素质不稳定→S_{15} 监理单位监理能力→S_{17} 使用无资质人员→S_{16} 操作失误→S_0 地铁施工阶段安全事故

(3)S_{10} 管理机构及制度→S_{15} 监理单位监理能力→S_{17} 使用无资质人员→S_9 施工质量不合格→S_0 地铁施工阶段安全事故

(4)S_{10} 管理机构及制度→S_{15} 监理单位监理能力→S_{17} 使用无资质人员→S_{16} 操作失误→S_0 地铁施工阶段安全事故

如图 4.12 所示的致因路径进行分析可知：S_2 心理素质不稳定和 S_{10} 管理机构及制度虽然都是主观可控因素，但是心理素质的稳定与否控制难度较大；管理机构及制度则是牵涉的各方各面繁多，变更难度较大，且这两者因素的阻止都很难短时间内有所成效。从可行性和可操作性角度出发，应该从 S_{15} 监理单位监理能力和 S_{17} 使用无资质人员这两项因素入手：作者认为可以通过定期检查和不定期的突击检查、建立完善的奖惩措施、加强有针对性的培训，规范监理工作制度与程序等方法确保监理的执行力。对所有需要资质要求的施工岗位都进行严格的每日上岗检查和不定期的突击抽查、关于使用无资质人员的危害性的教育宣传等方法引导施工现场不使用无资质人员。

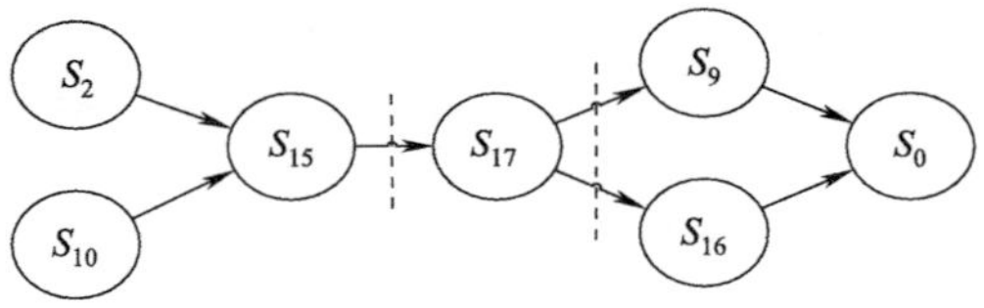

图 4.12　S_{15} 监理单位监理能力和 S_{17} 使用无资质人员的截断路径

4.5.12　第十二类

当 S_{15} 监理单位监理能力和 S_{18} 工人违章作业为清除风险因素时，致因路径如下图 4.13 所示，即为：

(1)S_2 心理素质不稳定→S_{15} 监理单位监理能力→S_{18} 工人违章作业→S_9 施工质量不合格→S_0 地铁施工阶段安全事故

(2)S_2 心理素质不稳定→S_{15} 监理单位监理能力→S_{18} 工人违章作业→S_{16} 操作失误→S_0 地铁施工阶段安全事故

(3)S_{10} 管理机构及制度→S_{15} 监理单位监理能力→S_{18} 工人违章作业→S_9 施工质量不合格→S_0 地铁施工阶段安全事故

(4)S_{10} 管理机构及制度→S_{15} 监理单位监理能力→S_{18} 工人违章作业→S_{16} 操作失误→S_0 地铁施工阶段安全事故

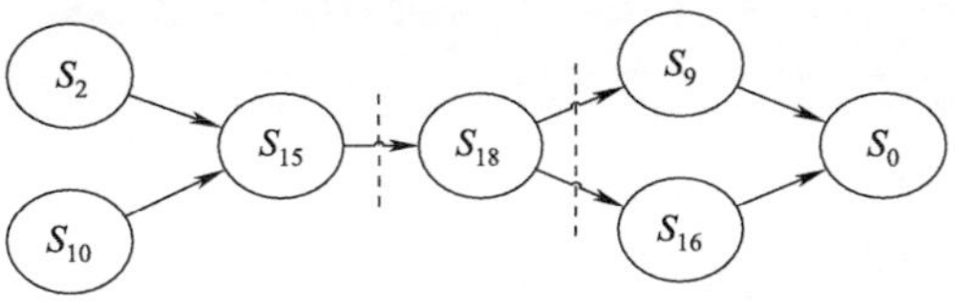

图 4.13　S_{15} 监理单位监理能力和 S_{18} 工人违章作业的截断路径

如图 4.13 所示的致因路径进行分析可知：S_2 心理素质不稳定和 S_{10} 管理机构及制度虽然都是主观可控因素，但是心理素质的稳定与否控制难度较大；管理机构及制度则是牵涉的各方各面繁多，变更难度较大，且这两者因素的阻止都很难短时间内有所成效。从可行性和可操作性角度出发，应该从 S_{15} 监理单位监理能力和 S_{18} 工人违章作业这两项因素入手：对于监理的执行力不足，可以通过定期检查和不定期的突击检查、建立完善的奖惩措施、加强有针对性的培训、规范监理工作制度与程序等方法来进行改善；针对工人违章作业，由于主观意愿上的因安全意识匮乏而故意违规的情况，按照解决安全意识匮乏的方法即可，当由于客观行为上的因自己施工工艺不够熟练而不小心违规，可通过定期开展施工人员的安全生产能力培训，来有效规避这类情况的发生。

4.5.13　第十三类

当 S_{13} 施工单位技术经验和 S_7 施工方案设计不足为清除风险因素时，致因路径如图 4.14 所示，即为：

S_{13} 施工单位技术经验→S_7 施工方案设计不足→S_9 施工质量不合格→S_0 地铁施工阶段安全事故

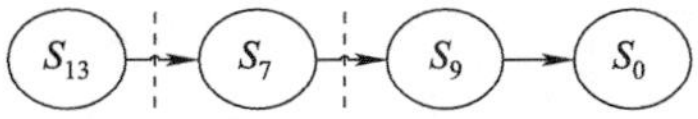

图 4.14　S_{13} 施工单位技术经验和 S_7 施工方案设计不足的截断路径

如图 4.14 所示的致因路径进行分析可知：S_{13} 施工单位技术经验和 S_7 施工方案设计不足都是主观可控因素，并且通过解决这两个因素来组织事故的发生具有较大的可行性。一个施工单位的技术经验不是能够在一朝一夕间取得突破的，因此要想解决 S_{13} 施工单位技术经验因素，则必须在招投标阶段确定中标单位时就谨慎处理，招投标阶段要始终坚持“公平、公开、公正”的原则，杜绝任何违法的利益交易行为，确保中标单位是通过合法竞争、能够完成工程进度、确保工程质量的施工单位；对于工程而言，引进先进的施工技术是施工质量的基本保证，不仅能降低技术落后而引发的安全事故，将技术风险降到最低，还能有效提高工程施工的质量和效率。S_7 施工方案设计不足因素，可以通过以下从事来降低发生几率：①做好施工组织设计的前期统筹工作，主要是施工技术和建设材料的准备；②加大施工组织设计的管理力度，规范施工组织设计的执行，建立并完善相关的组织设计部门，建立组织设计部门与其他部门之间良好的沟通；③管理人员在施工过程中要控制好成本因素，合理地制定施工成本，合理地配置建设资源，进行科学有效的成本管理。

4.5.14　第十四类

当S_{13}施工单位技术经验和S_{17}使用无资质人员为清除风险因素时，致因路径如图4.15所示，即为：

(1)S_{13}施工单位技术经验→S_{17}使用无资质人员→S_9施工质量不合格→S_0地铁施工阶段安全事故

(2)S_{13}施工单位技术经验→S_{17}使用无资质人员→S_{16}操作失误→S_0地铁施工阶段安全事故

对图4.15所示的致因路径进行分析可知：S_{13}施工单位技术经验和S_{17}使用无资质人员都是主观可控因素，并且通过解决这两个因素来组织事故的发生具有较大的可行性。对于解决施工单位技术经验因素，在招投标阶段必须要始终坚持“公平、公开、公正”的原则谨慎确定中标单位，杜绝任何违法的利益交易行为。对于使用无资质人员的情况，对所有需要资质要求的施工岗位都进行严格的每日上岗检查和不定期的突击抽查，同时要加强关于使用无资质人员的危害性的教育宣传，努力引导施工现场不使用无资质人员，从不敢为，到不会为，再到不想为。

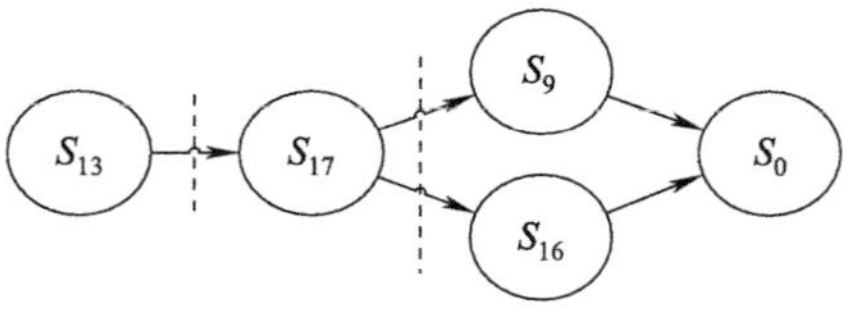

图4.15　S_{13}施工单位技术经验和S_{17}使用无资质人员的截断路径

4.5.15　第十五类

当S_{13}施工单位技术经验和S_{18}工人违章作业为清除风险因素时，致因路径如图4.16所示，即为：

(1)S_{13}施工单位技术经验→S_{18}工人违章作业→S_9施工质量不合格→S_0地铁施工阶段安全事故

(2)S_{13}施工单位技术经验→S_{18}工人违章作业→S_{16}操作失误→S_0地铁施工阶段安全事故

如图4.16所示的致因路径进行分析可知：S_{13}施工单位技术经验和S_{18}工人违章作业都是主观可控因素，并且通过解决这两个因素来组织事故的发生具有较大的可行性。要想解决S_{13}施工单位技术经验因素，在招投标阶段确定中标单位时要始终坚持“公平、公开、公正”的原则，杜绝任何违法的利益交易行为。S_{18}工人违章作业可以主观意愿上的因安全意识匮乏而故意违规、客观行为上的因自己施工工艺不够熟练而不小心违规两种情况来进行考虑。

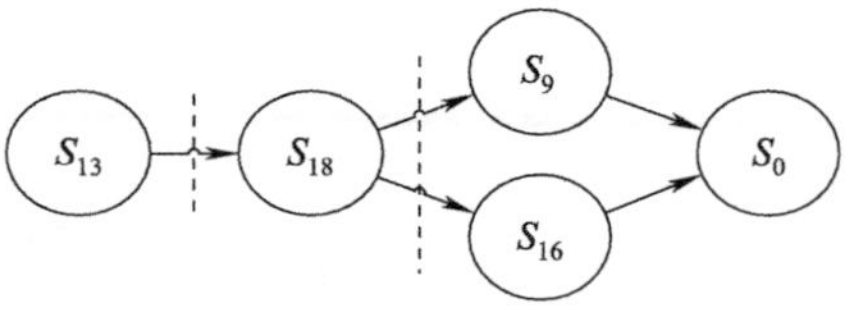

图4.16　S_{13}施工单位技术经验和S_{18}工人违章作业的截断路径

4.5.16　第十六类

当 S_1 生理状态不佳为清除风险因素时，致因路径如图 4.17 所示，即为：

S_1 生理状态不佳→S_{16}操作失误→S_0 地铁施工阶段安全事故

如图 4.17 所示的致因路径进行分析可知：人的生理状态虽然为主观因素，但是却很难人为控制，因此解决此事故致因路径的方法有两个。其一，解决一些可以人为避免的生理状态不佳因素，比如熬夜造成的第二天工作状态不佳，其一旦发生很难受人为控制，但我们可以人为避免造成工作状态不佳发生的原因——前一晚熬夜的行为，企业管理层也可以组织发送一些关于工作、生活的温馨提醒等。其二，当生理状态不佳已成事实时，切断它向下一个因素传播的途径，拒绝生理状态不佳的工作人人员从事任何危险性工作，将发生事故的可能性降到最低；施工现场也要安排人员定期巡检，一旦发现有明显的生理状态不佳现象的人员，立刻将其调离作业岗位，待生理状态恢复正常后方可复工。其三，项目应该应当做好组织管理工作，合理安排施工进度和作业情况，尽可能避免交叉作业、作业时间过长等情况的发生。

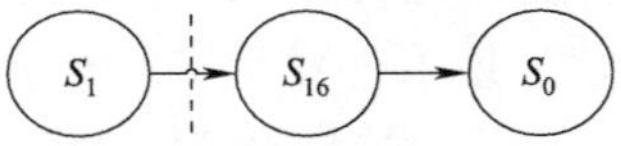

图 4.17　S_1 生理状态不佳的截断路径

综上，对导致安全事故的路径分析了可控危险源，并提出对可控危险源的阻断建议，而对不可控危险源应实时观测，跟踪危险源的变化状况，及时采取措施。因阻断各危险源发展路径的可行性和难度不同，且不同的项目管理团队对安全管理的理解、把控程度、执行力度、资源投入等各方面因素的不同，导致对危险源发展路径的阻断效果会有很大的差异，因此在实施危险源阻断措施时，应根据不同项目特点，制定相适应的风险管理对策。

第5章 实证分析

5.1 工程概况与特点

选取某轨道交通建设项目，该项目区间为地下一层箱形框架结构，区间全长约 565 m，宽 11.3～19.75 m，开挖深度 13.93～16.43 m。基坑采用明挖顺筑法施工，地下连续墙 600 mm 厚，地墙坑底以下入土深度约 18.12～22.57 m。地下墙与内衬墙采用复合式结构形式，全包防水。

5.1.1 周边环境

本区间区域涉及前周村现状农田、民房、河道和主要村道，原地面标高 1.5～2.8 m，双向两车道，路宽约 9.5 m，道路标高 2.9 m 左右，交通流量小。整个区间约 210 m 范围位于现状河道处，需进行改河填河后方能进行施工。施工区域内有多处民房还未进行拆迁，包括多条电力、通信、有线电视、10 kV 高压、农用杆线需进行迁改。

5.1.2 地质水文

根据地质勘察报告，拟建场地勘探深度范围内的地基土分为 11 个工程地质层，并细分为 24 个工程地质亚层，本站地质土层从上至下依次见表 5.1。

表 5.1 车站地质土层情况

层号	岩性名称	层号	岩性名称	层号	岩性名称
1-1	层杂填土	4-2	黏土	8-1	粉砂
1-2	黏土	5-1	粉质黏土	8-3	圆砾
1-3	淤泥	5-3	粉质黏土	9-1	粉质黏土
2-1	黏土	5-4	粉质黏土	9-1a	粉砂
2-2a	淤泥	5-5a	粉砂	10-1	粉质黏土
2-2b	淤泥质黏土	5-6	圆砾	12-1	全风化粉砂岩
3-2	粉质黏土	6-2	粉质黏土	12-2	强风化粉砂岩
4-1	淤泥质粉质黏土	6-3	粉质黏土	12-3	中风化粉砂岩

车站底板位于 2-2b 层淤泥质黏土、3-2 层粉质黏土；地连墙墙趾位于 4-1 层淤泥质粉质黏土、4-2 层黏土。

水文地质主要包括地表水和地下水，具体勘察情况见表 5.2。

表 5.2　车站水文地质概况

水文地质概况		
地表水		本区间多处于现状河流交叉，河水位一般低于原地面 0.5～1 m，水深 0.8～2 m
地下水	孔隙潜水	赋存于表部黏土、淤泥质黏土层，因渗透性低，渗透系数介于 8.64×10^{-5}～4.32×10^{-2} m/d，其富水性及透水性均较差，水量较大，主要接受大气降水的竖向入渗补给和地表水的侧向入渗补给，多以蒸发方式排泄
	孔隙承压水	区间影响范围的承压水主要赋存于 5-5a 层粉砂、5-6 层圆砾中，含水层厚 0.7～3.8 m。5-5a 层粉砂透水性好，涌水量大，单井涌水量 50～100 m^3/d，渗透系数在 2.42～2.68 m/d；5-6 层圆砾透水性好，涌水量大，单井涌水量 100～200 m^3/d，局部黏性土含量高，透水性一般，渗透系数在 3.68～15.64 m/d
	基岩裂隙水	—

5.1.3　工程特点

(1)前期问题处理较多

通过现场勘察，该标段范围内多数民房均还未拆迁到位，民房内部的杆线错综复杂，且大部分施工区域位于现状河道位置，施工前需进行河道改迁，河道改迁部位民房也未拆迁到位，无法实现河道改迁，对施工进度影响较大。故民房拆迁的进度至关重要，只有拆迁完成后，才能顺利完成河道改迁，实体工程才能进一步推进，其中关系一环扣一环。进场后配合业主单位推进民房拆迁工作是本标段开工后的一项重要工作。

(2)区间较多部位位于现状河道

根据招标图纸和现场调查，标段多处位于现状河道位置，施工前需进行改河、填河工作，并对现状河道部位进行三轴水泥搅拌桩槽壁加固，以确保地下连续墙成槽质量，槽壁加固数量较多。

针对该项目，分析 18 个危险源，采用模糊综合评判法确定阻断各危险源发展路径的难度。

5.2　基于 AHP 层次分析法确定评价指标权重

层次分析法(Analytic Hierarchy Process，AHP)，是美国运筹学专家匹茨堡大学教授 T. L. Saaty 于 20 世纪 70 年代，提出的一种将定性与定量相结合的综合评价方法。其基本步骤如图 5.1 所示。

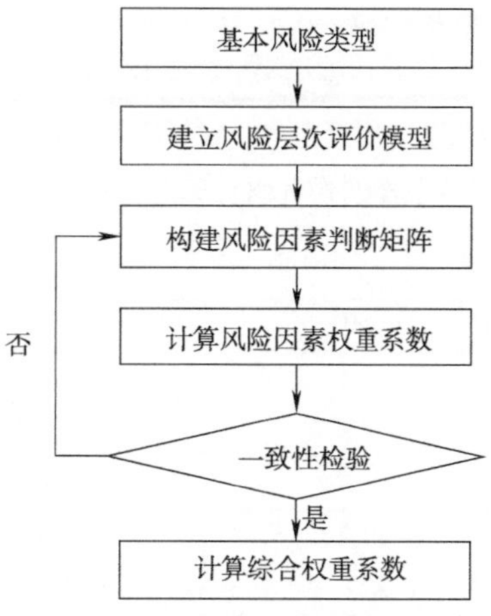

图 5.1　层次分析法基本步骤

5.2.1　建立递阶层次结构模型

根据地铁施工阶段致因因素的系统分析和地铁施工阶段安全事故解释结构模型，构造出地铁施工阶段安全事故致因因素递阶结构，层次结构分为分三级，第一级为目标事件，第二级为风险因素的四个类别，第三级为前文构建解释结构模型时确定的 18 个风险致因因素，具体见表 5.3。

表 5.3 地铁施工阶段安全事故致因因素三级层次结构

第一级	第二级	第三级
地铁施工阶段安全事故	人的因素	S_1 生理状态不佳
		S_2 心理素质不稳定
		S_5 地质勘查不足
		S_{12}安全意识匮乏
		S_{13}施工单位技术经验
		S_{16}操作失误
	管理因素	S_{10}管理机构及制度
		S_{11}安全教育培训未落实
		S_{14}施工现场管理能力
		S_{15}监理单位监理能力
		S_{17}使用无资质人员
		S_{18}工人违章作业
	物的因素	S_7 施工方案设计不足
		S_8 材料、设备质量
		S_9 施工质量不合格
	环境因素	S_3 自然灾害
		S_4 工程地质与水文
		S_6 不良作业环境

5.2.2 建立判断矩阵

比较判断矩阵是层次分析的核心。之所以称为比较判断矩阵，是因为该矩阵是通过两两比较得出来的。比较判断矩阵是以上层的某一要素 H_S 作为判断标准，对下一层次要素进行两两比较确定的元素值。如，在 H_S 准则下有 n 个要素，则对 H_S 准则可以得到 n 阶的比较判断矩阵 $\mathbf{A}=(a_{ij})_{n\times n}$。

对于比较判断矩阵 $\mathbf{A}$ 中元素 a_{ij} 的确定，即量化各元素间的两两比较结果，可引入 1～9 个标度，见表 5.4。当相互比较因素的重要性可用具有实际意义的比值说明时，判断矩阵相应的元素值则可取对应的标准值。

表 5.4 判断矩阵中各元素确定的标度

标准值 a_{ij}	定　义	说　明
1	同样重要	因素 S_i 与 S_j 相比，两因素具有同样重要性
3	稍微重要	因素 S_i 与 S_j 相比，因素 S_i 的重要性稍微高于 S_j
5	明显重要	因素 S_i 与 S_j 相比，因素 S_i 的重要性明显高于 S_j
7	强烈重要	因素 S_i 与 S_j 相比，因素 S_i 的重要性强烈高于 S_j
9	绝对重要	因素 S_i 与 S_j 相比，因素 S_i 的重要性绝对高于 S_j
2、4、6、8	—	重要性介于上述两个相邻判断尺度之间
以上各倒数	—	两目标反向比较

5.2.3 计算权重系数

构造出判断矩阵后，根据线性代数运算原理进行计算，对原判断矩阵先后进行每一列向量归一化处理、行向量元素和归一化处理，得到权重向量 W，即为权重系数。得到权重系数后，再计算出判断矩阵的最大特征值 λ_{max}，用 5.2.4 的一致性检验计算。

5.2.4 一致性检验

由于判断矩阵是估计的，不是很精确，并不能使比较判断矩阵每个要素满足 $a_{ij}=a_{ik}\cdot a_{kj}$，因此，须进行一致性检验。

一致性检验是通过计算一致性指标和一致性比率进行的。

一致性指标 $CI=\dfrac{\lambda_{max}-n}{n-1}$，一致性比率 $CR=\dfrac{CI}{RI}$，若一致性比率 $CR<0.10$，则认为比较判断矩阵的一致性可以接受，权重向量 W 可以接受。RI 是随机性指标，具体结果见表 5.5。

表 5.5 随机性指标 RI 数值

n	1	2	3	4	5	6	7	8	9
R.I.	0	0	0.58	0.90	1.12	1.24	1.32	1.41	1.45

通过层次分析法，计算出第二级的指标权重，以及第二级中的四个因素各自的第三级的指标权重，具体的计算过程详见附录Ⅳ。

5.3 运用 Fuzzy 模糊综合评价法进行阻止难度分析

模糊综合评价(Fuzzy comprehensive evaluation)是一种应用非常广泛并且有效的模糊数学方法，由美国加利福尼亚大学控制论专家 Zadeh 于 1965 年提出。该理论通过建立模糊集合，引入"隶属函数"这个概念来描述差异的中间过渡，这是精确性对模糊性的一种逼近。

因此，本节在地铁施工阶段安全事故的 ISM 解释结构模型基础上，采用模糊综合评价法对地铁施工阶段各危险源阻断进行难度评判。

5.3.1 确定评价要素

(1)一级要素集

$V=\{v_1,v_2,v_3,v_4\}$={阻止"人的因素"的难度，阻止"管理因素"的难度，阻止"物的因素"的难度，阻止"环境因素"的难度}

(2)二级因素集

$v_1=\{v_{11},v_{12},v_{13},v_{14},v_{15},v_{16}\}$={阻止"生理状态不佳"的难度，阻止"心理素质不稳定"的难度，阻止"地质勘查不足"的难度，阻止"安全意识匮乏"的难度，阻止"施工单位技术经验"的难度，阻止"操作失误"的难度}

$v_2=\{v_{21},v_{22},v_{23},v_{24},v_{25},v_{26}\}$={阻止"管理机构及制度"的难度，阻止"安全教育培训未落实"的难度，阻止"施工现场管理能力"的难度，阻止"监理单位监理能力"的难度，阻止"使用

无资质人员”的难度，阻止“工人违章作业”的难度｝

$v_3=\{v_{31},v_{32},v_{33}\}$＝｛阻止“施工方案设计不足”的难度，阻止“材料、设备质量”的难度，阻止“施工质量不合格”的难度｝

$v_4=\{v_{41},v_{42},v_{43}\}$＝｛阻止“自然灾害”的难度，阻止“工程地质与水文”的难度，阻止“不良作业环境”的难度｝

5.3.2 定义评语集

下面以本项目为例，采用模糊综合评价法，研究地铁施工阶段安全各危险源发展阻断的难度排序，以及评价本项目安全风险控制的总体难度。定义评语集 $Y=(y_1,y_2,y_3,y_4,y_5)$＝｛很大，较大，一般，较小，很小｝，并给予赋值｛0.9，0.7，0.5，0.3，0.1｝。

为了了解各因素的相对重要性，设计了地铁施工阶段安全事故致因因素重要性调查问卷，邀请之前的20位专家针对文中涉及的因素，对问卷按照五个评判挡位打分，汇总统计的评判结果见表5.6。v_{11}一栏表示20个参加评判的专家中没有人认为阻止“生理状态不佳因素”的难度很小，2人认为阻止“生理状态不佳因素”的难度较小，5人认为阻止“生理状态不佳因素”的难度一般，10人认为阻止“生理状态不佳因素”的难度较大，3人认为“阻止生理状态不佳因素”的难度很大。继而计算得出各危险源阻断难度值，比如 v_{11} 的难度值为0.64，表明其阻断这种危险源发展的难度在一般与较大之间。

表5.6 专家评判结果统计表

因素	级别					难度值
	很大0.9	较大0.7	一般0.5	较小0.3	很小0.1	
v_{11}	3	10	5	2	0	0.64
v_{12}	1	5	9	5	0	0.52
v_{13}	2	2	11	4	1	0.50
v_{14}	8	7	5	0	0	0.73
v_{15}	12	7	1	0	0	0.81
v_{16}	5	9	4	2	0	0.67
v_{21}	1	4	12	2	1	0.52
v_{22}	2	3	9	3	3	0.48
v_{23}	3	6	7	4	0	0.58
v_{24}	3	5	7	4	1	0.55
v_{25}	10	8	2	0	0	0.78
v_{26}	7	9	4	0	0	0.73
v_{31}	6	10	2	2	0	0.70
v_{32}	6	10	3	1	0	0.71
v_{33}	7	10	3	0	0	0.74
v_{41}	15	5	0	0	0	0.85
v_{42}	18	2	0	0	0	0.88
v_{43}	9	7	4	0	0	0.75

从表5.6可知，阻断难度值大于0.8的危险源中，从大到小分别为v_{42}、v_{41}、v_{15}。其中v_{42}阻断难度值0.88，排在第一，即工程地质与水文状况危险源是客观环境，控制改进的空间很小，这与前面的研究相一致。v_{41}自然灾害的阻断难度值0.85，与v_{42}危险源同属环境因素，都客观存在，因而阻断难度大。因此，只能通过技术手段尽可能提前预知工程地质与水文状况或自然灾害发生的时间，及时采取措施进行防护。v_{15}施工单位技术经验的难度值为0.81，提升施工单位经验确实不是马上可以做到的，因而相对难度较大。

阻断难度值小于0.50的危险源中，从小到大分别为v_{22}及v_{13}。其中，v_{22}安全教育培训未落实的难度值为0.48，表明这一危险源的可控性很强。结合前文各危险源分级，v_{22}处于第四级元素位置，是属于较根本的危险因素，会引发很多其他危险源或风险事件的发生。因此，就本项目而言，加强教育培训工作是一项相对不困难的，并且行之有效的措施之一，可大幅度提高风险管理效率。v_{13}地质勘查不足的难度值为0.50，同样此危险源也处于第四级元素位置。勘查资料质量的高低决定项目安全隐患的多少，继而影响风险事件发生的概率。因此，本项目应全面认真抓好勘测资料的质量，可提高风险管理效率。

5.3.3 模糊综合评判

通过对专家评判结果的汇总整理，得到隶属子集R；结合上文层次分析法计算所得的权重系数W^{T}，将两者进行模糊矩阵的复合运算，得到关于阻止“地铁施工阶段安全事故”的难度大小程度的比例分布，计算结果如下，具体的计算过程详见附录Ⅳ。

阻止“人的因素”的难度：

$S_1'=(0.3335,0.3169,0.2138,0.0905,0.0453)$；

阻止“管理因素”的难度：

$S_2'=(0.3203,0.3203,0.1806,0.1336,0.0452)$；

阻止“物的因素”的难度：

$S_3'=(0.3182,0.4545,0.1364,0.0909,0)$；

阻止“环境因素”的难度：

$S_4'=(0.45,0.35,0.2,0,0)$；

阻止“地铁施工阶段安全事故”的难度：

$S'=(0.3100,0.3100,0.2069,0.1293,0.0438)$。

依据最大隶属原则，由S可知，此次对地铁施工阶段的安全事故风险评价中，阻止“地铁施工阶段安全事故”的难度很大的程度为31%，阻止“地铁施工阶段安全事故”的难度较大的程度为31%，阻止“地铁施工阶段安全事故”的难度一般大小的程度为20.69%，阻止“地铁施工阶段安全事故”的难度较小的程度为12.93%，阻止“地铁施工阶段安全事故”的难度很小的程度为4.38%。

总体而言，项目安全风险控制的难度偏大，应加强重视安全风险管理。

参考文献

[1]中国城市轨道交通协会. 城市轨道交通 2018 年度统计和分析报告[R]. 城市轨道交通,2019(4):16-34.

[2]马燕. 轨道交通系统在我国发展的研究[D]. 上海：华东师范大学,2006:53.

[3]贺爱群. 地铁施工重大危险源评估与识别研究[D]. 长沙：中南大学,2010:102.

[4]王喜奎，吴宗之，孙猛，等. 关于重大危险源辨识标准修订的探讨[J]. 中国安全科学学报,2007(1):162-166,178.

[5]李冬梅. 重大危险源分析、辨识与危险性评估的研究[D]. 天津：天津理工大学,2009:101.

[6]钱新明，陈宝智. 危险源辨识与安全分析[J]. 劳动保护科学技术,1994(6):7-10.

[7]钟茂华，温丽敏，刘铁民，等. 关于危险源分类与分级探讨[J]. 中国安全科学学报,2003(6):21-23.

[8]张明广，蒋军成. 基于层次分析法的重大危险源模糊综合评价[J]. 南京工业大学学报(自然科学版),2006(2):31-34.

[9]李德顺，许开立. 重大危险源分级技术的研究[J]. 中国公共安全(学术版),2007(3):44-47.

[10]刘骥，高建明,关磊,等.重大危险源分级方法探讨[J]. 中国安全科学学报,2008(6):162-165.

[11]沙锡东，姜虹，李丽霞.关于危险化学品重大危险源分级的研究[J]. 中国安全生产科学技术,2011,7(3):37-41.

[12]温艳芳,秦慧敏.建筑工程施工危险源辨识评价与控制[J]. 建筑安全,2012.27(4):39-42.

[13]李力,周克元,吴冉.基于 AHP 法的高速公路施工项目危险源辨识及评价分析研究[J].湖南交通科技,2015,41(4):65-67+142.

[14]董桂贝.公路客运危险源辨识与风险评价研究[D].西安:长安大学,2017:77.

[15]刘昶.水库大坝危险源辨识及风险评价[J].黑龙江水利科技,2018,46(9):76-77,95.

[16]罗宗保,刘仲武,陈音圻,等.地铁施工危险源辨识研究:以宁波地铁三号线为例[J].土木工程,2019,8(3):484-493.

[17]EINSTEIN H. Risk and risk analysis in rock engineering[J]. Tunnelling and Underground Space Technology,1996,11(2):141-155.

[18]STURK R, OLSSON L, JOHANSSON J. Risk and decision analysis for large underground projects, as applied to the Stockholm Ring Road tunnels[J]. Tunnelling and Underground Space Technology, 1996, 11(2):157-164.

[19]KAMPMANN J,SUMMERS JW, ESKESEN SD Risk assessment helps select the contractor for the Copenhagen Metro System[A]. World Tunnel Congress' 98 Tunnels and and metropolises [C]. 1998(1):123-128.

[20]TONON F, BERNARDINI A, MAMMINO A. Reliability analysis of rock mass response by means of Random Set Theory[J]. Reliability Engineering & System Safety,2000,70(3):263-282.

[21]CLARK G T, BORST A. Addressing risk in Seattle's underground[J]. PB Network,2002(1):34-37.

[22]CHOI H H, CHO H N, SEO J W. Risk Assessment Methodology for Underground Construction Projects [J]. Journal of Construction Engineering and Management,2004,130(2):258-272.

[23]MCFEAT-SMITH I, HARMAN K W. IMS risk evaluation system for financing and insuring tunnel

projects[J]. Tunnelling and Underground Space Technology,2004,19(4-5):334.

[24]YOO C, JEON Y W, ChOI B S. IT-based tunnelling risk management system (IT-TURISK)-Development and implementation[J]. Tunnelling and Underground Space Technology,2006,21(2):190-202.

[25]J. Šejnoha, D. Jarušková, O. Špacková, et al. Risk quantification for tunnel excavation process[J]. World Academy of Science, Engineering & Technology,2009(34):393.

[26]Zhou Z, Irizarry J, Li Q, et al. Using Grounded Theory Methodology to Explore the Information of Precursors Based on Subway Construction Incidents[J]. Journal of management in engineering, 2015, 31(2):4014030. 1-4014030. 10

[27]Liang C, Ghazel M, Cazier O. Using Bayesian Networks for the Purpose of Risk Analysis at Railway Level Crossings[J]. IFAC-PapersOnLine,2018,51(9):142-149.

[28]Zhou Y, Li C, Ding L, et al. Combining association rules mining with complex networks to monitor coupled risks[J]. Reliability Engineering & System Safety, 2019,186:194-208.

[29]J Qiu, Qin Y, Feng Z, et al. Safety Safety Risks and Protection Measures for City Wall during Construction and Operation of Xi'an Metro[J]. Journal of Performance of Constructed Facilities, 2020,34(2):04020003.

[30]汤永净，邵振东，侯学渊，等. 地铁工程施工风险分析[A]. 中国灾害防御协会风险分析专业委员会. 中国灾害防御协会——风险分析专业委员会第一届年会论文集[C]. 中国灾害防御协会风险分析专业委员会:中国灾害防御协会风险分析专业委员会,2004:4.

[31]陈亮，黄宏伟，胡群芳，等. 盾构隧道施工风险管理数据库系统开发[J]. 地下空间与工程学报，2005(6):964-967.

[32]黄宏伟. 隧道及地下工程建设中的风险管理研究进展[J]. 地下空间与工程学报,2006(1):13-20.

[33]李兵. 地铁车站施工风险管理研究[D]. 北京:北京交通大学,2007:81.

[34]王华伟. 地铁车站施工现场安全管理研究[D]. 成都:西南交通大学,2008:89

[35]周红波，高文杰，蔡来炳，等. 基于 WBS-RBS 的地铁基坑故障树风险识别与分析[J]. 岩土力学,2009，30(9):2703-2707+2726.

[36]陆莹,李启明，周志鹏. 基于模糊贝叶斯网络的地铁运营安全风险预测[J]. 东南大学学报(自然科学版),2010,40(5):1110-1114.

[37]苏旭明，王艳辉，祝凌曦. 改进的故障模式及影响分析在城市轨道交通运营安全评价中的应用[J]. 城市轨道交通研究,2011,14(5):65-69.

[38]袁竞峰，徐媛，黄伟. 地铁工程安全设计(DFS)知识库构建[J]. 中国安全科学学报,2012,22(11):81-87.

[39]张成方，李超. BIM 技术在地铁施工安全方面的应用浅析[J]. 河南科技,2013(9):130-131.

[40]陈远建. 地铁项目施工阶段安全风险管理研究[D]. 长沙:中南大学,2014:113.

[41]宫培松，张先锋，丁丽萍. 基于 ISM 的地铁施工安全风险评价模型构建[J]. 施工技术,2015,44(S2):321-325.

[42]应国柱,汪鹏程，朱大勇，等. 基于模糊综合评价模型的地铁施工风险评估[J]. 地下空间与工程学报，2016,12(2): 539-545.

[43]徐青. 武汉地铁站深基坑开挖涌水风险与控制研究[D]. 北京:中国地质大学,2017:122.

[44]魏丹. 基于故障树和层次分析法的地铁施工风险评价—以隧道竖井基坑围护结构失稳为例[J]. 安全与环境工程,2018,25(01):100-104.

[45]闫文周，门雪，杨翻艳. 基于相互作用矩阵的地铁施工风险评价[J]. 武汉大学学报(工学版),2019,52(9):796-801.

[46]陈楠. 基于 IOWA 算子的地铁车站深基坑施工安全综合评价[J]. 隧道建设(中英文),2020,40(2):

202-208.
[47]杨晓艳. 煤矿瓦斯事故中人的不安全行为研究[D]. 合肥：安徽理工大学，2009：96.
[48]杨远程. 地铁施工安全事故分析与评价方法研究[D]. 武汉：华中科技大学，2009：74.
[49]杨乾辉. 地铁深基坑工程安全风险辨识和评价研究[D]. 长沙：中南大学，2013：70.
[50]田水承，李红霞，王莉. 3类危险源与煤矿事故防治[J]. 煤炭学报，2006(6)：706-710.
[51]王勇，赖茂宇，陈秋兰，等. 我国地铁施工事故统计分析与研究[J]. 工程管理学报，2018，32(4)：70-74.

附录Ⅰ　地铁施工典型事故案例

序号	时间	地点	事故经过及后果	事故类型	事故原因	风险源指向
1	2001年5月25日	广东省深圳市	深圳地铁工程竹子林车辆段土石方工地发生坍塌事故	坍塌	—	—
2	2001年8月20日	上海市	上海市轨道4号线在鲁班路基坑突然发生土方滑坡	坍塌	—	—
3	2002年4月19日	广东省深圳市	深圳地铁国贸站发生一起机械伤害事故	机械伤害	吊车车臂断裂，牵引钢丝绳崩断成两截，长达20多m的吊车车臂从高近1m的垫板上扑倒在地，砸倒了工地的铁皮围墙，向外伸出马路四五米远，砸中途经过此地的两名路人	地铁自身（设备不达标、管理不足）
4	2003年7月1日6时左右	上海市	在越江隧道区间用于连接上下行线的安全联络通道的施工作业面内，因大量水和流沙涌入，引起隧道部分结构损坏及周边地区地面沉降，造成3栋建筑物严重倾斜，黄浦江防汛墙局部坍塌并引起管涌。造成直接经济损失1.5亿元左右，无人员伤亡	坍塌	施工单位在用于冷冻法施工的制冷设备发生故障、险情征兆出现、工程已经停工的情况下，没有及时采取有效措施，排除险情，现场管理人员违章指挥施工；施工单位未按规定程序调整施工方案，且调整后的施工方案存在欠缺；总包单位现场管理失控，监理单位现场监理失职	地铁自身（设备不达标、管理不足、监理不到位）
5	2003年10月8日19时50分	北京市	在地下26 m的一个正在施工的隧道内，由于堆放在钢架上的钢筋从高处向下滑落，砸在正在施工的工人身上	坍塌	在绑扎地梁钢筋过程中因斜撑底部意外滑脱，造成钢筋整体倾覆	地铁自身（施工质量不合格、管理不足、设计不合理）
6	2004年3月17日20时左右	广东省广州市	正在修建的广州地铁3号线番禺大石车站发生一起塌方事故，1名正在清理杂物的农民工被土方埋没，经抢救无效死亡	坍塌	大石车站所处地段地质条件多为淤泥，事故发生的前一天下午，广州番禺区下了一场大雨，令竖井周围土地积聚了大量雨水，土质更为疏松，使该地点的土质突然产生了膨胀松动造成滑坡	自然因素（地质原因、降雨因素），地铁自身（设计不合理）

续上表

序号	时间	地点	事故经过及后果	事故类型	事故原因	风险源指向
7	2004年4月1日8时左右	广东省广州市	广州地铁3号线沥窖站地下连续墙围护结构突然出现塌方，造成车站北端周边范围内一定的沉降	坍塌	该工地临近珠江，土层自稳能力极差，地下水丰富，再加上近期连降暴雨，砂层含水量增大，加重了连续墙背后的土压力，使地下连续墙的交接口处达到了承载能力极限状态	自然因素(水文地质、降雨因素)，地铁自身(勘查不足、设计不合理)
8	2004年6月27日19时15分	北京市	北京地铁4号线宣武门站西南通道发生施工局部坍塌，坍塌面积30 m^2，体积90 m^3，未造成人员伤亡	坍塌	隧道拱部为松散细沙层和回填土，稳定性差，地面绿化带灌溉补给致使含水率突增，自稳性恶化，坍塌后空洞向上发展直至引起地面沉陷	自然因素(地质原因)、地铁自身(设计不合理)
9	2004年8月3日17时左右	广东省广州市	广州地铁5号线施工单位在黄埔区港湾路和大沙东路交接处下钻勘察时，不小心把煤气管道钻破，造成煤气泄漏，泄漏的煤气很快到达爆炸极限，附近数万人被紧急疏散	中毒和气体泄漏	施工单位在下钻勘察时，不小心把煤气管道钻破，造成煤气泄漏	自然因素(地下管线)，地铁自身(管理不足)
10	2004年9月25日0时20分	广东省广州市	广州地铁2号线延长段琶洲塔至琶洲区间出现塌方事故，面积约400 m^2，并造成新港东路琶洲塔路段交通暂时中断	坍塌	工地一辆运泥重型车把自来水管压断，引起大量涌水，造成工地的基坑挡土墙急剧变形，基坑北侧及南侧出现局部小范围塌方	地铁自身(工人违章作业、管理不足)
11	2005年3月15日	北京市	北京地铁4号线与10号线换乘站黄庄站发生路面塌陷事故	坍塌	该区域雨污水管线较多，因管线施工土体回填不密实及管线长期渗漏等原因形成较大地下空洞及水囊；同时施工降水和地层扰动破坏了不良地层结构的受力状态及其周围土体的稳定性，加之路面交通荷载作用，最终导致了路面塌陷	自然因素(地下管线、地质原因)，地铁自身(施工质量不合格)
12	2005年5月14日15时左右	北京市	北京地铁5号线06标东单工地隧道内支架坍塌	坍塌	—	—
13	2005年6月15日14时50分	北京市	北京地铁10号线三标段海淀区黄庄站至科南路站区间竖井进行出土施工过程中，一工人没有站稳滑倒在正在作业的装载机车轮下，造成当场死亡	机械伤害	造成事故主要原因是作业现场管理不到位，安全设施有缺陷	地铁自身(管理不足、设备不达标)

续上表

序号	时间	地点	事故经过及后果	事故类型	事故原因	风险源指向
14	2005年7月13日14时左右	广东省深圳市	深圳地铁1号线续建工程试验段（世界之窗至白石洲路段），施工现场地面发生大面积塌陷，塌陷面积延伸至深南大道白石洲路段东向主车道，造成该路段被全面封闭	坍塌	该路段地下为流沙土质，施工过程中时常出现地下水流将砂土冲走的情况。砂土被水流带走后，地面因此失去支撑物从而导致了地面的大面积塌陷	自然因素（水文地质），地铁自身（勘查不足）
15	2005年7月21日12时20分	广东省广州市	广州地铁海珠城广场基坑发生塌方事故	坍塌	原设计4层基坑17 m，后开挖成5层基坑20.3 m，挖孔桩成吊脚桩；基坑支护结构服务年限一年，实际从开挖及出事已有近三年；坡顶泥头车、吊车、钩机超载；设计单位忽视现场开挖过程中岩面从南向北倾斜，倾斜角约为25°的实际情况；施工过程中曾因岩面倾斜，南部位移较大而进行预应力锚索加固但范围很少，甲方认为加固是由于设计不足引起，应由设计单位支付加固费	自然因素（地质原因），地铁自身（设备不达标、工人违章作业、设计不合理、管理不足）
16	2005年8月1日9时左右	北京市	北京地铁5号线工地上一辆吊车倒塌	起重伤害	吊车的机械液压设备出了问题，出事的设备不是地铁施工中经常使用的设备，只是隔段时间才会用到	地铁自身（设备不达标）
17	2005年9月24日10时左右	北京市	北京地铁4号线施工现场一口降水井旁边的路面突然塌陷，导致路面上一架龙门吊也随即倾倒	坍塌	塌陷处的地下是一口污水井，附近埋有许多废弃管道，地质空洞多施工中造成污水井渗水，引发坍塌	自然因素（地下管线），地铁自身（勘查不足、设计不合理）
18	2005年9月27日1时左右	北京市	西城区西直门地铁站南侧辅路，勘探工人在进行北京地铁1、2号线自动售检票系统土建改造工程物探钻孔时不慎将西直门地区中压燃气管道钻出长约10～12 cm、宽1 cm的裂口，造成燃气泄漏	中毒和气体泄漏	勘探工人在西直门地铁工程勘察中不慎将燃气管道钻透	自然因素（地下管线），地铁自身（勘查不足）
19	2005年10月18日22时左右	北京市	北京地铁10号线惠新东街段工棚前出现渗水，7 h后，渗水处突然塌陷形成一个深2 m多的大坑，使坑旁一简易房倒塌	坍塌	西边隐藏在土中的一段管线漏水，疑有重物从上轧过	自然因素（地下管线），地铁自身（勘查不足）

续上表

序号	时间	地点	事故经过及后果	事故类型	事故原因	风险源指向
20	2005年10月25日15时20分	北京市	北京地铁4号线北宫门车站工地的钻机倒塌。钻机将工地外一辆捷达车砸坏，并且完全截断了颐和园路由东向西的路面	机械伤害	—	—
21	2005年11月3日17时左右	广东省广州市	广州地铁4号线新造站右线隧道内，一侧隧道壁上的电缆组突然坠落，砸中下方多名施工工人	物体打击	施工质量不合格，导致电缆支撑架脱落	地铁自身(施工质量不合格)
22	2005年11月7日9时左右	广东省广州市	广州地铁5号线大坦高架段(试验段)工地在打桩施工过程中碰到溶洞而致使附近发生小面积局部塌方事故	坍塌	该工程所经路段在初步设计时就已勘测出有大面积溶洞群	自然因素(地质原因)，地铁自身(设计不合理)
23	2005年11月30日14时20分	北京市	北京市朝阳区熊猫环岛的地铁10号线22标段施工工地，基坑南侧中间部分突然坍塌，并迅速向两侧发展，造成斜向钢支撑体系脱落，引起两侧围护桩倒塌	坍塌	倒塌的南侧基坑外围均为管线改移区，管线较多且在基坑正南端中间部位设有污水井和雨水井各一个；南端喷射混凝土厚度仅为8 cm，不能抵挡内侧土性质变化带来的侧压力变化	自然因素(地下管线)，地铁自身(勘查不足、设计不合理)
24	2005年12月4日20时左右	台湾省高雄市	台湾高雄捷运中正路07车站发生前所未有的塌陷事故，交通要道因此陷入瘫痪，至少有11万人受影响，至少需要1年修复	坍塌	筑联络通道时，未预先大规模灌浆，导致地盘不稳才发生坍塌状况	地铁自身(设计不合理)
25	2005年12月8日	上海市	上海轨道交通2号线西延伸段发生大面积渗水事故，渗水于7日下午开始出现，未有人员伤亡	渗水	—	—
26	2006年1月3日2时左右	北京市	北京地铁10号线呼家楼站—光华路站区间左线南侧掌子面突发涌水事故，而后对应地面发生坍塌，造成东三环路南向北方向部分主辅路塌陷	坍塌	在掌子面前上方土体受污水管线长期渗漏形成水囊及饱和水淤泥层，开挖后由于土体受力改变造成水囊及淤泥层涌水坍塌，而后污水管断裂，引发更大面积坍塌	自然因素(地下管线)，地铁自身(勘查不足)
27	2006年2月27日3时左右	北京市	北京地铁10号线10标段太阳宫至三元桥折返线工地，一个起重机设备在使用中钢丝绳绷断，导致吊斗坠落	起重伤害	违规指挥、违规作业，电动单梁(悬挂)起重机存在安全隐患运行，是事故发生的直接原因；现场管理存在严重问题，是导致事故发生的间接原因	地铁自身(工人违章作业、使用无资质人员、设备不达标、管理不足)

续上表

序号	时间	地点	事故经过及后果	事故类型	事故原因	风险源指向
28	2006年4月24日4时左右	广东省广州市	广州地铁5号线区庄站工地，风管在施工时突然发生爆炸	爆炸	现场使用的凿岩机与风管接头处的螺母意外断裂导致风管脱落，同时高压风掀起小粒径碎石，击中正在现场施工的4名工人身上	地铁自身（设备不达标）
29	2006年6月27日3时左右	北京市	北京地铁10号线3标段海淀南路发生坍塌事故	坍塌	事故是因地面下的流沙引起坍塌，两名工人当场被埋在泥沙里，很快就被挖出，但已经死亡。流沙是自然出现，并非地面下的水管漏水引起	自然因素（地质原因），地铁自身（勘查不足）
30	2006年8月2日8时左右	广东省广州市	地铁3号线支线段石牌桥站工地在进行附属工程暗挖施工过程中，土体突然意外塌落	坍塌	作业面有1立方米左右的软弱土体突然意外塌	自然因素（地质原因）
31	2006年10月4日11时3分	广东省广州市	广州市南沙区，广州市轨道交通4号线区间十标工程施工现场发生一起基坑坍塌的安全事故，造成直接经济损失48万元	坍塌	挖掘机司机违反操作规程冒险作业，导致挖斗撞碰钢板桩，破坏基坑钢板桩支撑体系的稳定；基坑围檩钢支撑和斜支撑的连接点电焊强度不够；施工和监理单位对安全生产管理不力、检查不到位	地铁自身（工人违章作业、施工质量不合格、管理不足、监理不到位）
32	2006年11月20日22时45分	北京市	北京地铁4号线石榴庄站发生坍塌事故，塌陷土体涌入明挖车站北基坑负二层版面，未造成人员伤亡	坍塌	横跨三联拱上方的污水管发生渗漏导致土体饱和发生砂涌，渗漏的污水将土体冲走之后形成漏斗形空洞，最终导致硬化路面塌陷	自然因素（地下管线），地铁自身（勘查不足）
33	2007年2月5日6时左右	江苏省南京市	南京汉中路牌楼巷与汉中路交叉路口北侧，正在施工的南京地铁2号线出现渗水塌陷，造成天然气管道断裂爆炸	坍塌	塌陷路段下卧土层长期被老化水管漏水浸泡软化，有压力水击穿下卧土层冲入已建成的地铁隧道内，从而造成塌陷	自然因素（地下管线、地质原因），地铁自身（勘查不足）
34	2007年3月28日9时30分	北京市	中铁十二局第二工程公司在承建北京市地铁10号线2标段施工过程中，发生塌方事故	坍塌	由于对施工复杂的地质情况不清，当施工断面发生局部塌方和导洞拱部产生环向裂缝的险情时，未制定并采取保护抢险人员的安全技术措施，指挥作业人员实施抢险发生二次塌方	自然因素（地质原因），地铁自身（管理不足、工人违章作业）
35	2007年4月3日7时30分	上海市	上海轨道交通7号线施工现场发生一起工伤事故	物体打击	事发时这名工人站在打桩机附近，被突然折断的水泥构件砸中，当场死亡	地铁自身（安全意识匮乏）

续上表

序号	时间	地点	事故经过及后果	事故类型	事故原因	风险源指向
36	2007年4月20日9时15分	上海市	上海轨道交通10号线宋园路站建设工地上，一辆履带吊车在起吊一幅重33 t地下连续墙钢筋笼时，在吊杆转向时发生侧翻，造成吊车北侧一居民楼房顶及侧面部分受损	起重伤害	—	—
37	2007年5月28日8时左右	江苏省南京市	南京市水西门大街和纪念馆东路交叉口的南京地铁2号线茶亭站西基坑东端土体在加固施工中发生滑坡，滑坡土方约500 m^3	坍塌	滑坡处局部采用了砖孔灌注桩技术，可能是在砖孔灌注桩技术实施时在悬喷桩养护上和防水上没有处理得很科学；工人在施工操作时，在挖掘底部挖得过猛，在施工次序上出现问题；发生坍塌事故，主要和地质土层构造有直接关系，其中粉细砂结构不稳定是主要因素	自然因素(地质原因)，地铁自身(设计不合理、工人违章作业)
38	2007年9月29日22时左右	上海市	上海地铁9号线二期工程6标徐家汇站—宜山路站区间隧道工程下行线隧道发生管片坠落事故	物体打击	当班司机驾驶管片拼装机旋转管片就位后，用千斤顶住管片，拼装工穿接螺栓受阻，未能穿接螺栓。随后，司机将举重臂松下，准备拼装最后一块管片，举重臂在钳住封顶块后，上部千斤顶松落，此时管片没有任何连接，直接坠落在拼装平台上，拼装工身体被管片压住，当场死亡	
39	2007年10月5日3时左右	广东省广州市	正在进行暗挖施工的如意坊一工地，突然有股巨大不明涌水涌出，致使地表塌陷，呈现一个深约五六米、面积约300 m^2 的大坑，一座面积80 m^2 的餐厅当场被埋进了泥水当中，无人员伤亡	坍塌	施工地点临近珠江，区域地质条件非常复杂，地下富含水淤泥、沙层厚度达十几米。2007年10月5日凌晨3时，正在进行暗挖施工的如意坊工地在隧道初期支护完成后，突然发现掌子面有巨大不明涌水涌出，施工单位立即组织工人撤离现场	自然因素(地质原因)
40	2007年11月20日9时左右	江苏省南京市	S-284盾构机掘进到达南京地铁2号线中和村站—元通站盾构区间元通站右线南端头接收井洞门时，洞内发生漏水漏砂事件，造成地面大面积塌陷，盾构机被埋于塌陷土体中	坍塌	此次S-284盾构机被掩埋事件，是由于盾构机在元通站右线接收洞口推进过程中，局部地层空隙的气体突然释放形成地下水的通道，造成盾构机后方的承压水沿着通道向洞涌口，形成大量涌水和涌砂，导致元通站以南地面大面积塌陷，将盾构机掩埋，属特殊自然地质灾害造成的事件	自然因素(地质原因)

续上表

序号	时间	地点	事故经过及后果	事故类型	事故原因	风险源指向
41	2007年12月16日16时34分	江苏省南京市	南京地铁2号线汉中门至上海路施工区间的左线隧道上方，发生路面塌陷	坍塌	隧道上部存在一个不明空洞充满了水和淤泥，水和淤泥忽然涌入隧道，导致此次塌陷事故	自然因素(地质原因)，地铁自身(勘查不足)
42	2008年1月17日15时左右	广东省广州市	广州地铁5号线大西盾构区间二号联络通道在施工中突然涌水、发生塌方，造成路旁边花圃内约100 m² 地面塌陷	坍塌	广州市地下铁道总公司有关负责人表示，事发现场是两条隧道的交界处，加上又位于珠江边，地质情况比较复杂，所以造成了施工过程中的塌方	自然因素(地质原因、水文地质)
43	2008年4月1日15时20分	广东省深圳市	深圳地铁3号线3106标段19号桥墩发生安全事故，立柱模板在进行混凝土浇铸时突然坍塌	坍塌	施工工人违规操作所造成	地铁自身(工人违章作业)
44	2008年4月15日18时15分	广东省广州市	广州地铁6号线东山湖公园附近在建隧道发生爆炸	爆炸	按照规定，打开盾构机刀盘室准备更换刀片时，应该举着防爆灯查看刀片，但工地的防爆灯已经坏了，于是工人举着一根日光灯的灯管伸进了刀盘室，灯管被另一名喷出的水冲破了，火星引起了积聚在刀盘内的瓦斯类气体发生爆炸	地铁自身(工人违章作业)
45	2008年5月30日0时30分	江苏省南京市	一辆外地货车由东向西驶经南京地铁2号线大行宫施工区间北侧时，左后轮陷入路面，造成地面局部小面积塌陷	坍塌	由于地下渗水造成土层下降，形成地囊空洞，在车辆的重压下，造成地面塌陷	自然因素(地质原因)
46	2008年7月13日14时12分	上海市	轨道交通10号线近一施工工地，1名工人失足坠落混凝土搅拌池内死亡	高处坠落	工人不小心脚底打滑，不慎失足坠落深达3米正在运转的混凝土搅拌池内	地铁自身(安全意识匮乏)
47	2008年11月8日17时30分	江苏省南京市	江宁区龙眠大道的地铁1号线南延线第15标段发生箱梁支架坍塌事故	坍塌	近两天下雨，沙袋中的红土存水后重量增大，施工方仍按原有试压标准将沙袋放在脚手架上，超过了脚手架的承重范围	自然因素(降雨因素)，地铁自身(安全意识匮乏)
48	2008年11月15日15时20分	浙江省杭州市	杭州地铁1号线萧山湘湖站工段施工工地发生坍塌事故，造成长约100 m、宽约50 m的在施区域塌陷，施工现场侧路基下陷	坍塌	土方超挖，支撑架设和垫层浇筑不及时；支撑体系存在薄弱环节，钢支撑与地连墙预埋件没有进行焊接；监测工作处于失效状态，超过报警值时未报警；设计时提出的加固方案，实际施工时并未完全执行；未根据当地软土特点，综合选用基坑围护设计参数；监理对不符合设计要求及规范的严重问题制止不力	地铁自身(工人违章作业、施工质量不合格、管理不足、设计不合理、监理不到位)

续上表

序号	时间	地点	事故经过及后果	事故类型	事故原因	风险源指向
49	2008年12月30日16时30分	陕西省西安市	西安地铁2号线F9地裂缝施工点(会展中心站以北约500 m)发生一起着火事故	火灾	施工人员在进行立模钢板切割的过程中,因钢板掉落地下焊渣引发防水材料着火,现场烟雾较大并从隧道两端冒出	地铁自身(安全意识匮乏、工人违章作业)
50	2009年1月2日9时56分	陕西省西安市	西安地铁2号线钟楼站右线隧道内起火	火灾	工人操作不慎,致使焊渣引燃了防水材料	地铁自身(安全意识匮乏、工人违章作业)
51	2009年1月8日9时20分	上海市	上海地铁中华路乔家路口的轨道交通9号线二期工程4标段,一辆吊车吊臂倒塌,吊车侧翻	起重伤害	吊车车身被吊臂倒塌产生的巨大惯性拽倒同时侧翻,司机身被埋重伤,无法及时施救身亡	地铁自身(安全意识匮乏、工人违章作业)
52	2009年1月8日11时左右	上海市	上海地铁轨道交通11号线北段一期工程曹杨路站北端头井工地现场突发大火	火灾	电器设备线路发生短路引发	地铁自身(设备不达标)
53	2009年1月12日13时左右	江苏省南京市	地铁2号线南京中山东路大行宫路口,一名工人检查排水管道时,内部管道上口沉积物突然发生局部坝塌,导致被埋死亡	坍塌	—	—
54	2009年1月26日18时20分	浙江省杭州市	杭州地铁1号线风起路站基坑内发生土体纵向滑移事故,事故中无人员伤亡	其他类型	—	—
55	2009年3月4日12时50分	广东省深圳市	深圳地铁3号线位于罗湖区红桂二街的红老区间隧道上方路面发生塌陷,靠近红荔村2栋西侧的地面塌陷形成了一个直径约6 m、深达3 m的大坑	坍塌	该路段是采取盾构法施工,盾构对地面进行的挤压将直径150 mm的小区主供水管挤爆,爆裂的水管又将路面冲塌	自然因素(地下管线)
56	2009年5月15日17时15分	广东省广州市	广州地铁3号线北延段施工九标工地地下施工现场出现一起不明气体泄漏事故	中毒和气体泄漏	该地质主要是沉积岩,这种地质在挖掘过程不排除会产生气体,经常遇到的气体主要是一氧化碳和甲烷等气体	自然因素(地质原因)
57	2009年5月27日19时30分	江苏省南京市	南京地铁2号线元通站附近工地突现塌陷,塌陷面积有200 m^2,凹陷最深处超过5 m	坍塌	地下水渗漏,水土流失,架空土层突然受压所致	自然因素(水文地质)

续上表

序号	时间	地点	事故经过及后果	事故类型	事故原因	风险源指向
58	2009年7月6日9时25分	广东省深圳市	深圳罗湖区东门地铁3号线晒布站施工工地两名工人进入桩井下作业后疑似中毒	中毒和气体泄漏	—	—
59	2009年7月19日8时30分	广东省深圳市	位于宝安西乡的深圳地铁一号线续建工程7标宝体站至坪洲站区间暗挖段地表下沉，造成施工单位活动板房下陷	坍塌	特大暴雨造成地铁隧道顶部原新湖路绿化带松散的杂填土层受到浸泡，隧道一侧土方压力急剧增长；且隧道顶部左侧废弃的污水管破裂大量涌水，造成已经支护好的隧道顶部失稳而致使地表沉陷	自然因素(降雨因素、地下管线)，地铁自身(勘查不足)
60	2009年7月22日22时20分	北京市	在建的北京地铁4号线安河桥附近工地内发生物体打击事故	物体打击	工人乘坐的轨道车正行驶到安河桥附近的地下隧道时，所载的灯箱突然掉落，正好砸在几名工人身上	地铁自身(设备不达标)
61	2009年7月30日15时17分	广东省广州市	广州地铁6号线隧道上方附近路面，地面突然坍塌，裂开一个面积约30 m^2、深约2 m的大洞	坍塌	混凝土路面下方存在充满水的地下不明空洞；地铁施工造成了地基沉陷，从而引起地下给水管道破裂	自然因素(地质原因、地下管线)，地铁自身(勘查不足)
62	2009年8月2日9时20分	陕西省西安市	西安地铁1号线TJSG—8标莲湖路洒金桥站施工现场，作业人员在北侧冠梁沟槽底部清理土层拟进行沟槽支护时，沟槽中段南侧坑壁突然坍塌	坍塌	这是一起基坑开挖支护不到位、现场安全防护不足、相关人员职责履行不力，在较差自然地质和连续降雨下引发的生产安全事故	自然因素(降雨因素、地质原因)，地铁自身(管理不足、设计不合理)
63	2009年9月4日15时50分	广东省深圳市	深圳市龙岗区一地铁工程工地内高约2 m的土坡发生塌方	坍塌	—	—
64	2009年9月23日6时左右	天津市	正在施工的天津地铁3号线解放北路站地下25 m处发生透水，导致坐落地上的某酒店出现楼体裂缝	透水	为抢工期、赶进度，未做好防范保护工作	地铁自身(管理不足、工人违章作业)
65	2009年9月29日22时左右	广东省广州市	广州地铁2号线、8号线延长线洛溪地铁站施工现场地面下陷，周边居民紧急疏散，无人员伤亡	坍塌	挖掘过程中遭遇地下流沙，造成附近部分房屋地基不稳	自然因素(地质原因)

续上表

序号	时间	地点	事故经过及后果	事故类型	事故原因	风险源指向
66	2009年10月13日20时50分	广东省深圳市	深圳地铁5号线水径车站暗挖隧道口发生坍塌事故	坍塌	—	—
67	2009年10月26日13时30分	广东省深圳市	深圳地铁5号线五和站施工现场，一辆吊臂车在作业过程中机械臂折断，导致整辆吊臂车侧翻砸落地面，未造成人员伤亡	起重伤害	一辆施工中的吊重35吨的大吊车，运行到半空中时吊臂的最末一节突然折断，不仅约5 t重的泥土从高空砸下，整辆吊车也侧翻在地	地铁自身（设备不达标）
68	2009年10月26日21时左右	广东省深圳市	深圳地铁5号线的布吉丽湖花园5305标线段第四工区隧道爆破时发生意外，一名工人查看一枚哑炮时突然发生爆炸死亡	爆炸	放置的炸药在预定时间并没有炸响，几分钟后，工人们都认为遇上哑炮了，一位工人从藏身处走上前查看，此时炸药突然发生爆炸，爆炸后隧道里出现塌方	地铁自身（设备不达标、安全意识匮乏）
69	2010年7月9日晚上	北京市	北京地铁材城西路与黄平路交界口，由于暴雨，北京地铁8号线西三旗站工地发生塌陷	坍塌	暴雨	自然因素（降雨因素）
70	2010年7月10日4时左右	北京市	地铁8号线西三旗站地下天然气管线断裂泄漏	中毒和气体泄漏	由于暴雨，地铁8号线西三旗站工地发生塌陷，致使天然气管线断裂泄漏	自然因素（降雨因素）
71	2010年7月14日16时30分	北京市	北京地铁M15号线顺义站明挖车站施工过程中，车站深基坑钢支撑脱落	物体打击	直接原因：违章指挥冒险施工、基坑钢支撑的施工不符合设计要求；间接原因：事故部位基坑钢支撑支护体系施工质量存在严重缺陷，在基坑存在明显事故隐患的情况下基坑施工相关各方管理不到位；建设单位在基坑地表沉降值和沉降速率均明显超过红色预警值，以及地面出现裂缝的危险情况下，未督促监理单位下达停工指令	地铁自身（施工质量不合格、管理不足、工人违章作业、监理不到位）
72	2010年8月1日3时左右	广东省深圳市	深圳地铁5号线——宝安中心站出现大面积塌方，现场有工房倒塌，一辆汽车也陷入泥土中	坍塌	基坑土方开挖至12 m深时，支撑脱落，维护结构发生变形，导致坑外土体涌入基坑；此处填海区地质条件复杂，且连日暴雨致使基坑外侧土体含水量激增给水管沉降拉裂	自然因素（地质原因、降雨因素），地铁自身（施工质量不合格）

续上表

序号	时间	地点	事故经过及后果	事故类型	事故原因	风险源指向
73	2010年8月23日18时左右	北京市	北京地铁亦庄线01标宋家庄站9号出入口地面钢结构工程施工过程中，一名工人在约1.5 m高处给钢结构刷消防喷涂漆时，从脚手架上坠落地面	高处坠落	作业人员安全生产知识缺乏，自我安全防护意识淡薄；管理制度落实不到位，安全防护措施不到位：脚手架结构层未满板铺设，脚手架外侧未设置安全防护网	地铁自身（安全意识匮乏、工人违章作业、管理不足）
74	2010年11月25日12时30分	浙江省杭州市	杭州地铁1号线湘湖站施工工地发生基坑土体滑落事故	坍塌	—	—
75	2010年12月5日9时左右	浙江省杭州市	杭州地铁1号线火车东站项目部工地上，1名工人在施工时不慎掉入基坑受伤	高处坠落	—	—
76	2011年3月10日9时30分	辽宁省大连市	大连市地铁施工现场的大连交通大学路段发生坍塌，现场失踪一人，土石方坍塌量约200 m^3	坍塌	施工掌子面顶部突然出现涌水、涌泥、卵石坍塌现象，人行道塌陷，坍塌位置是卵石层的富含区	自然因素（地质原因）
77	2011年3月29日20时15分	广东省深圳市	深圳地铁1号线续建工程大新站3号出入口基坑东侧地下约5 m处的市政排污干管突然爆裂，大量污水冲开地铁基坑的护壁桩缝隙，并流入基坑，并把工地冲出一个大坑	坍塌	地下约5 m处的市政排污干管突然爆裂，大量污水冲开地铁基坑的护壁桩缝隙，并流入基坑	自然因素（地下管线），地铁自身（勘查不足）
78	2011年5月6日7时30分	天津市	天津地铁2号线建国道—天津站区间，右线盾构机因螺旋机被水泥土固结块卡死无法运转，在开启观察孔进行处理时，发生螺旋机观察孔突沙涌水事件，由于该地段的地质异常复杂，突泥及涌水较大，导致地面塌陷	坍塌	直接原因：盾构队长违规操作；现场抢救措施不到位，致使土仓内的水和泥沙流失过多，造成土仓压力失衡发生喷涌事故；盾构机掘进部位地层地质条件复杂。间接原因：盾构机管理制度、作业流程和岗位责任制度未得到严格落实；盾构机司机对地质情况不了解；日常管理交底落实不到位；施工组织不合理	自然因素（地质原因），地铁自身（工人违章作业、施工质量不合格、管理不足、设计不合理）
79	2011年5月8日7时40分	广东省深圳市	深圳市水务工程有限公司位于大新地铁站的工地，在进行地铁污水管道作业时沼气中毒	中毒和气体泄漏	—	—
80	2011年5月18日9时左右	北京市	北京市朝阳区八里庄南里中铁三局地铁6号线工地发生塌方，一名在作业面施工的工人被埋受伤	坍塌	—	—

续上表

序号	时间	地点	事故经过及后果	事故类型	事故原因	风险源指向
81	2011年6月1日2时30分	北京市	北京市西城区金台饭店附近的地铁6号线内，发生塌方事故	坍塌	—	—
82	2011年6月5日5时左右	湖北省武汉市	湖北武汉地铁2号线广埠屯——虎泉区间，地下14 m正在施工的隧道拱顶发生沉降，导致地面一栋三层楼房出现裂缝	其他类型	干旱和降雨	自然因素（降雨因素）
83	2011年6月9日16时左右	辽宁省大连市	大连地铁山东路施工现场附近路面坍塌，出现直径超过5 m的深坑，部分地下管线断裂	坍塌	—	—
84	2011年8月18日11时30分	上海市	上海轨道交通11号线南段发生脚手架坍塌事故	坍塌	—	—
85	2011年8月29日5时左右	辽宁省大连市	大连地铁211标段南机区间位于甘井子区虹港路与圣林路路口东北角处发生塌方，形成长约8 m，宽约6 m，深约5 m孔洞	坍塌	塌方区域南侧是一处雨水排放暗渠，北侧是不明蓄水池。因排水暗渠、蓄水池渗漏，引起土体流动导致地表下方形成空腔，出现塌方	地铁自身（勘查不足）
86	2012年5月10日14时40分	上海市	上海轨道交通11号线北段工程（二期）GT－9标段的上海体育馆站—龙华站上行线区间隧道内，发生一起车辆伤害事故	车辆伤害	直接原因：电机车司机驾驶无视频探头的电机车，在通过缺少安全防护设施的移动操作平台时，电机车载运的垃圾土箱与移动操作平台的立杆发生碰撞，导致在平台上的施工人员跌落；间接原因：施工现场安全管理存在疏漏，施工人员安全意识淡薄，施工监理不到位	地铁自身（工人违章作业、设备不达标、管理不足、监理不到位、安全意识匮乏）
87	2012年7月18日20时左右	江苏省南京市	中山东路南京图书馆西侧路口，靠近地铁3号线施工围挡处出现一处塌陷。据观察，坑洞面积在一到两平方米，深度至少有3 m，塌陷边缘处也往下沉	坍塌	—	—
88	2012年8月5日18时20分	云南省昆明市	昆明轨道交通3号线污水干管迁改工程3标，发生物体打击事故	物体打击	—	—

续上表

序号	时间	地点	事故经过及后果	事故类型	事故原因	风险源指向
89	2012年8月7日21时10分	湖北省武汉市	武汉地铁2号线一期工程23标段，发生物体打击事故	物体打击	—	—
90	2012年8月23日0时左右	北京市	北京市东城区，地铁7号线4标磁器口站，发生机械伤害事故	机械伤害	—	—
91	2012年9月14日2时左右	广东省广州市	广州轨道交通6号线盾构6标段水荫路站-天平架盾构区间土建工程，发生其他类型事故	其他类型	—	—
92	2012年11月29日11时左右	江苏省南京市	南京市阔市区太平南路中山东路路口，紧邻在建地铁工地的马路中央出现塌陷情况，一辆路过的公交车被困塌陷的大坑中无法动弹	坍塌	流沙所致的局部地陷	自然因素（地质原因）
93	2012年12月31日21时03分	上海市	上海轨道交通12号线金桥停车场房建工程检修联合库施工过程中，浇筑平台发生坍塌	坍塌	为了赶工，三台混凝土泵车同时工作，还加上塔吊帮忙运送混凝土。以前浇注混凝土时，仅有1或2台泵车工作。整个屋顶的重量严重超重，加上最近上海气温比较低，混凝土凝固慢，造成屋顶坍塌，屋顶坍塌后又拽倒了塔吊臂	地铁自身（工人违章作业、安全意识匮乏、管理不足）
94	2013年1月2日15时左右	广西省南宁市	广西南宁市民族大道附近一在建地铁工程发生塌方	坍塌	—	—
95	2013年1月28日16时40分	广东省广州市	广州市地铁8号线折返线隧道区间工程项目，因隧道施工（矿山法）造成荔湾区康王南路与杉木栏路交界处地表塌陷，塌陷面积约690 m^2，多处房屋倒塌，多处房屋出现了安全隐患而被迫拆除	坍塌	广州地区地质条件复杂，在地铁8号线折返线隧道爆破开挖至塌陷处时，遭遇了地质勘察报告未揭示的拱顶薄弱岩层，在上部较大水土荷载作用下拱顶薄弱岩层失稳发生坍塌；施工单位掘进过程中实施的地质超前预报工作不够完善	自然因素（地质原因），地铁自身（勘查不足、管理不足）
96	2013年2月22日15时20分	河南省郑州市	郑州轨道交通1号线一期工程土建施工01标段（桐柏路站），发生坍塌事故	坍塌	—	—

续上表

序号	时间	地点	事故经过及后果	事故类型	事故原因	风险源指向
97	2013 年 3 月 18 日 7 时 15 分	北京市	北京市通州区，地铁 6 号线二期 17 标东小营站，发生其他类型事故	其他类型	—	—
98	2013 年 4 月 4 日 18 时左右	上海市	上海市浦东新区，轨道交通 11 号线北段工程，发生物体打击事故	物体打击	—	—
99	2013 年 4 月 8 日 19 时 19 分	河北省秦皇岛市	中铁·秦皇半岛35号楼26层施工现场，一名木工擅自往卸料平台倒运顶板支撑架管，造成卸料平台超载倾覆，坠落	高空坠落	操作人员违章操作，造成卸料平台严重超载(超过卸料平台使用限制荷载的 3.655 倍)；企业安全教育培训工作不到位；企业安全管理不到位	地铁自身(工人违章作业、安全意识匮乏、管理不足)
100	2013 年 4 月 24 日 13 时 30 分	甘肃省兰州市	兰州市城关区，兰州市轨道交通 1 号线沿线交通疏解道路工程一标段，发生坍塌事故	坍塌	—	—
101	2013 年 5 月 6 日 2 时 40 分	陕西省西安市	西安地铁 3 号线 TJSG-12 标段通化门至胡家庙区间，在隧道暗挖施工过程中发生塌方	坍塌	下雨导致土质疏松，顶部和侧面的塌陷造成	自然因素(降雨因素、地质原因)
102	2013 年 5 月 12 日 23 时 30 分	北京市	北京地铁 7 号线02 标，发生机械伤害事故	机械伤害	—	—
103	2013 年 6 月 13 日 20 时左右	吉林省长春市	长春地铁 1 号线工程 03 标卫星广场站，发生坍塌事故	坍塌	局部围护桩钢支撑意外脱落，造成基坑北侧围护结构发生侧滑	地铁自身(施工质量不合格)
104	2013 年 7 月 20 日	广东省深圳市	深圳地铁 11 号线 BT 项目 11303 标宝安站—碧海站盾构区间，推至 430 环参数出现异常，并出现喷涌和沉降超限情况，分析判断可能为刀具出现较大磨损所致。为探明原因，讨论分析决定开仓检查刀具，为保证盾构开仓时掌子面稳定，地面采取混凝土连续墙+注浆加固措施。在注浆加固过程中，由于距离较近双液浆窜入刀盘周围，导致刀盘被困无法转动	其他类型	素混墙施工时可能发生塌孔鼓包现象，导致刀盘实际切入素混墙深度大于理论的 35 cm；注浆时，浆液从素混墙接口或者底部窜入到刀盘间空隙内，完全填充密实，导致刀盘与素混墙固结成整体；刀盘未切入素混墙部分，如切口环位置，被水泥浆包裹，导致刀盘束缚力增大被困	地铁自身(设计不合理)

续上表

序号	时间	地点	事故经过及后果	事故类型	事故原因	风险源指向
105	2013年7月25日7时15分	河南省郑州市	黄河路南阳路西北角的地铁工地出现了塌方情况	坍塌	—	—
106	2013年8月19日20时50分	浙江省宁波市	宁波市轨道交通1号线二期土建工程施工TJ1214标段，发生坍塌事故	坍塌	吊装预制块进行支架预压时，吊运预制块压重至第102块（约180 t），发生贝雷梁意外垮塌	地铁自身（施工质量不合格）
107	2013年9月4日17时左右	湖北省武汉市	武汉市轨道交通4号线二期第3标汉阳火车站车站及区间土建工程，发生机械伤害事故	机械伤害	—	—
108	2013年9月18日9时左右	湖北省武汉市	武汉市轨道交通四号线二期第10标工程，发生触电事故	触电	—	—
109	2013年9月22日13时20分	安徽省合肥市	合肥市胜利路畅通工程泵站管网工程，发生中毒和窒息事故	中毒和气体泄漏	—	—
110	2013年11月28日18时左右	江苏省南京市	清水亭西路地铁3号线九龙湖站的工地附近的一处水管爆裂，导致正在施工的一处基坑坍塌	坍塌	附近工业园区的马路上的雨污水管爆裂；路面坍塌后，基坑墙面顺势往外斜，再加上墙面是钢架结构，有一部分作用力，导致基坑坍塌	地铁自身（勘查不足、设计不合理）
111	2013年12月22日10时50分	山东省青岛市	铁路青岛北客站安置区B-1、C-1区工程一标段，发生高处坠落事故	高处坠落	—	—
112	2014年1月18日10时左右	山东省青岛市	青岛地铁工程一期工程（3号线）土建03标延安三路站施工工地，在车辆维修过程中发生机械伤害事故	机械伤害	直接原因：工人在对自卸车辆进行维修过程中，未能遵守操作规程；间接原因：项目部对安全监管不到位，监理单位未依法履行安全监理职责	地铁自身（工人违章作业、管理不足、监理不到位）
113	2014年3月2日14时左右	甘肃省兰州市	兰州市城市轨道交通1号线一期工程试验段土建施工项目，发生坍塌事故	坍塌	在世纪大道站4号出入口探测管线过程时，由于土体内发生涌水导致基坑坍塌	自然因素（地下管线）

续上表

序号	时间	地点	事故经过及后果	事故类型	事故原因	风险源指向
114	2014年3月7日13时5分	山东省青岛市	青岛市地铁2号线土建二标03工区，发生物体打击事故	物体打击	直接原因：钢筋支护工无操作资格证，违章进行司索作业致使钢丝绳捆绑不牢靠，吊车司机违章作业未在信号工的指挥下擅自起吊；间接原因：三级安全教育考核不规范，致使从业人员安全意识淡薄，自我保护意识不强；现场安全管理不到位，没有及时发现和纠正现场司索和吊装作业人员的违章操作行为	地铁自身（工人违章作业、使用无资质人员、安全意识匮乏、管理不足）
115	2014年3月21日17时15分	江苏省南京市	南京至高淳城际轨道南京南站至禄口机场段TA06标南京南站机电安装工程，发生高处坠落事故	高处坠落	—	—
116	2014年3月23日13时左右	北京市	北京地铁昌平线2期06标发生坍塌事故	坍塌	塌方处地质复杂，为砂卵石层并夹杂较大孤石；大堆的土块将隧道顶层的铁架子压塌后，将挖土车掩埋	自然因素（地质原因），地铁自身（勘查不足）
117	2014年4月24日13时左右	浙江省杭州市	杭州地铁4号线城星路站附近，富春路与市民街交叉口路面发生塌陷	坍塌	盾构机进洞产生热量，将冰冻的土层部分溶化，导致水土流失	自然因素（地质原因），地铁自身（施工质量不合格）
118	2014年4月28日23时30分	甘肃省兰州市	兰州地铁1号线施工工地东方红广场段发生塌方事故，造成2名工人被埋	坍塌	—	—
119	2014年5月4日21时左右	江苏省南京市	南京地铁4号线九华山站围挡内突然出现涌水涌沙现象，地下基坑发生透水事故	透水	基坑墙壁的混凝土有收缩，工字钢本身会热胀冷缩；秦淮河古河道地下流沙较多，砂层里的含水量丰富，基坑壁承受水压很大；掏槽拣缝工作不仔细	自然因素（水文地质），地铁自身（施工质量不合格）
120	2014年5月10日9时10分	浙江省宁波市	浙江宁波鄞州区，宁波轨道交通1号线公共装饰Ⅲ标工程，发生高处坠落事故	高处坠落	—	—

续上表

序号	时间	地点	事故经过及后果	事故类型	事故原因	风险源指向
121	2014年6月7日21时左右	湖北省武汉市	武汉地铁4号线二期盾构接收涌水涌砂导致地面沉降事件	坍塌	直接原因：隧道底部粉细砂层中的承压富水，地下水水位高、隧顶覆土松散、自稳能力差，盾构掘进扰动下，通过管片外注浆层因冻结体融沉产生的空隙或渗水通道在薄弱面处产生突发涌水、涌砂，后期处置过程中，由于涌水、涌砂作用，加剧并扩大了地表、建筑物不同程度的沉降、开裂；间接原因：设计方案不适合泥水盾构到达施工，洞内测量未按要求进行二等精度控制操作；擅自变更吊装方案，且设备出问题；未认真落实专家意见和擅自简化工作内容	自然因素（地质原因、水文地质），地铁自身（设计不合理、施工质量不合格、设备不达标、管理不足）
122	2014年8月3日10时30分	浙江省宁波市	宁波市轨道交通2号线一期高架土建工程施工TJ2111标段，发生高处坠落事故	高处坠落	—	—
123	2014年8月11日17时30分	贵州省贵阳市	贵阳市轨道交通1号线剩余土建结构工程施工总承包第十工作段，发生坍塌事故	坍塌	—	—
124	2014年8月29日19时20分	江苏省苏州市	苏州市轨道交通4号线及支线工程土建施工项目（第四批）Ⅳ-TS-11标，发生物体打击事故	物体打击	—	—
125	2014年9月7日13时左右	北京市	朝阳区广顺南大街与阜通西大街交叉口，地铁14号线20标段阜通西站施工地围墙外，路面突然发生塌陷	坍塌	前几天集中暴雨下渗，导致道路下土壤膨松，造成路面发生塌陷	自然因素（降雨因素）
126	2014年9月9日10时45分	江苏省苏州市	苏州市轨道交通4号线及支线工程土建施工项目（第四批）Ⅳ-TS-18标工程，发生机械伤害事故	机械伤害	—	—
127	2014年9月27日15时40分	浙江省宁波市	宁波轨道交通1号线石路头停车场工程，发生高处坠落事故	高处坠落	—	—

续上表

序号	时间	地点	事故经过及后果	事故类型	事故原因	风险源指向
128	2014年10月7日21时50分	广西省南宁市	南宁市在建轨道交通1号线土建7标动物园站至鲁班路站区间在进行盾构设备开仓换刀作业期间发生坍塌事故，直接经济损失约1 300万元	坍塌	直接：地下水受自然天气及复杂工程水文地质环境等多重因素影响，形成高压水头，压迫左线盾构机前方连续墙接缝处，使之超过承压极限而被破坏，导致土仓外土体坍塌，大量水土涌入；间接：项目部对复杂地质水文条件下的安全认识不足，现场安全管理不到位，施工现场监理缺位，劳务队伍无相关资质	自然因素（水文地质），地铁自身（监理不到位、使用无资质人员、管理不足）
129	2014年10月9日3时30分	山东省青岛市	青岛市地铁2号线一期工程土建一标03工区，发生机械伤害事故，死亡1人	机械伤害	—	—
130	2014年11月7日16时左右	上海市	上海浦东新区，上海轨道交通12号线工程，发生车辆伤害事故，死亡1人	车辆伤害	—	—
131	2014年11月23日10时左右	北京市	北京地铁7号线土建03标珠市口站施工发生火灾	火灾	作业人员在1号临时竖井内进行拆除楼梯切割作业时，焊渣飞溅引燃竖井内的杂物	地铁自身（工人违章作业、安全意识匮乏）
132	2014年12月3日15时30分	江苏省南京市	南京地铁3号线夫子庙站2号出入口2期工程施工现场，发生吊车侧翻事故	起重伤害	驾驶员违章操作，将汽车吊架设在土质松软且易坍塌的地面上，当钢筋吊运超载时，左前液压支腿下陷，导致汽车吊倾覆；吊运钢筋作业现场安全管理缺失	地铁自身（工人违章作业、管理不足）
133	2014年12月7日12时左右	北京市	7号线机电02标广渠门内站冷却塔发生火灾	火灾	作业人员在车站东北侧地面冷却塔顶部进行给水无缝钢管焊接作业时，焊渣掉落至冷却塔内部填料中（填料为聚氯乙烯（UPVC）），引起填料燃烧	地铁自身（工人违章作业、安全意识匮乏、管理不足）
134	2014年12月17日17时20分	江苏省南京市	南京地铁4号线土建工程D4-TA06标蒋王庙—王家湾矿山法区间工程，发生坍塌事故	坍塌	工人在地下进行钢筋捆扎的时候，钢筋架突然坍塌，发生钢筋骨架倾覆事故	地铁自身（工人违章作业、安全意识匮乏、管理不足）
135	2015年1月2日2时40分	湖北省武汉市	武汉市轨道交通3号线工程，左线盾构推进至1122环时，盾构机上固定气体检测仪发出有害气体报警信号。技术主管确认有害气体超标后，组织隧道内的全部人员撤离。之后，带班领导和盾构机司机再次进入隧道进行隐患排查，隧道内发生爆炸	爆炸	在设计图和竣工图中左线隧道顶部的管道标注为废弃迁改的天然气管道且标高是在安全范围之内，但实际埋深与其相差较大，比设计图和竣工图中的标注埋得更深，侵入地铁隧道设计限界，被正常施工的盾构机刀片切割，管道内天然气泄漏进入隧道引发爆炸；施工人员对危险气体认识不足，现场应急处置不当	自然因素（地下管线），地铁自身（勘查不足、设计不合理）

续上表

序号	时间	地点	事故经过及后果	事故类型	事故原因	风险源指向
136	2015年3月28日9时30分	北京市	北京地铁14号线11标，发生起重伤害事故	起重伤害	—	—
137	2015年3月29日22时30分	天津市	天津地铁6号线南何庄站至大毕庄站区间右线隧道盾构施工时，突发透水事故，造成津芦线东丽区跃进路至大毕庄段路面出现局部沉降，事故未造成人员伤亡	坍塌	地下城市供水管线遭到破坏，造成大量涌水	自然因素（地下管线），地铁自身（勘查不足）
138	2015年5月4日16时30分	浙江省宁波市	宁波市轨道交通1号线一期天童庄车辆段与综合基地±0.00以上工程施工Ⅱ标，发生高处坠落事故	高处坠落	—	—
139	2015年5月6日14时8分	广西省南宁市	南宁市轨道交通一号线一期工程土建施工TJSG-06标，发生触电事故	触电	—	—
140	2015年5月8日8时10分	江苏省无锡市	无锡地铁2号线三东区间商业配套工程，发生高处坠落事故	高处坠落	—	—
141	2015年5月11日13时30分	辽宁省沈阳市	沈阳地铁10号线第17合同段，发生坍塌事故	坍塌	—	—
142	2015年5月13日0时8分	广西省南宁市	南宁市轨道交通1号线1期工程土建施工TJSG-10标，发生物体打击事故	物体打击	中铁十六局履行督促、检查安全生产工作不到位，未能及时消除生产安全事故隐患；中铁十六局该工程专职安全员的行为违反了建设工程安全生产管理条例	地铁自身(管理不足、工人违章作业)
143	2015年5月17日7时5分	贵州省贵阳市	贵阳轨道交通1号线，发生坍塌事故	坍塌	—	—
144	2015年5月17日10时45分	浙江省绍兴市	绍兴市越兴路南延工程上跨萧甬铁路立交工程，发生物体打击事故	物体打击	—	—
145	2015年5月17日17时左右	天津市	天津地铁6号线土建施工第20合同段工程，发生高处坠落事故	高处坠落	—	—

续上表

序号	时间	地点	事故经过及后果	事故类型	事故原因	风险源指向
146	2015年8月10日10时5分	江苏省苏州市	苏州市轨道交通2号线延伸线、4号线及支线工程轨道施工项目IV-GS-02标工程，发生车辆伤害事故	车辆伤害	—	—
147	2015年9月8日16时1分	江苏省苏州市	苏州轨道3号线乐园站项目工程，发生高处坠落事故	高处坠落	—	—
148	2015年10月24日10时25分	广东省广州市	广州市轨道交通21号线工程施工10标，发生物体打击事故	物体打击	—	—
149	2015年10月29日14时左右	江苏省南京市	南京地铁4号线北京东路和龙蟠中路交叉口路面突然出现约三四平方米的塌陷	坍塌	—	—
150	2015年11月2日13时左右	江苏省南京市	南京地铁4号线龙蟠中路与北京东路路口，九华饭店门口的慢车道上发生地面塌陷，路面出现一个约3 m^2大小的深坑	坍塌	该处地貌复杂水土流失严重施工不慎容易塌方	自然因素(地质原因)
151	2015年11月5日19时左右	上海市	上海市青浦区，轨道交通17号线2标，发生物体打击事故	物体打击	—	—
152	2015年11月6日16时左右	湖北省武汉市	武汉轨道交通6号线12标江汉路站，发生物体打击事故	物体打击	—	—
153	2015年11月10日8时左右	江苏省南京市	南京地铁4号线北京东路段施工周边发生路面塌陷事故，造成路面交通停滞	坍塌	地铁4号线在盾构施工过程中，大量地下水涌进隧道形成喷涌，周边底层的沙子随着水流进隧道，造成周边的地面地层土质松动，最后引起地陷	自然因素(水文地质)，地铁自身(勘察不足)
154	2015年11月16日7时左右	江苏省南京市	南京地铁4号线九华山站南侧道路塌陷	坍塌	一段2×1.4 m的老旧排水箱函底部损毁，泥水涌入车站，导致道路塌陷	自然因素(地下管线)
155	2015年11月27日19时30分	新疆乌鲁木齐市	乌鲁木齐轨道交通1号线05标土建工程，发生高处坠落事故	高处坠落	—	—

续上表

序号	时间	地点	事故经过及后果	事故类型	事故原因	风险源指向
156	2015年12月15日17时15分	广东省深圳市	深圳市城市轨道交通11号线BT项目，发生其他类型事故	其他类型	工作人员在躲避隧道侧壁部分脱落的电缆时，慌乱失稳摔倒，脑补出血，抢救无效死亡	地铁自身（安全意识匮乏）
157	2015年12月24日22时10分	广东省深圳市	深圳市城市轨道交通9号线BT工程9104-2标段，发生高处坠落事故	高处坠落	工地塔吊吊臂失稳，导致1死2伤	地铁自身（设备不达标）
158	2015年12月28日15时40分	江苏省苏州市	苏州市轨道交通3号线工程土建施工项目Ⅲ-TS-12标工程，发生高处坠落事故	高处坠落	—	—
159	2016年1月15日17时30分	天津市	天津地铁6号线红旗路站工程，发生高处坠落事故	高处坠落	—	—
160	2016年1月21日4时左右	广东省广州市	广州市轨道交通十四号线支线5标，发生车辆伤害事故	车辆伤害	—	—
161	2016年1月29日	广东省广州市	广州市轨道交通4号线南延段施工3标，发生起重伤害事故	起重伤害	在塘坑站B端风亭连续墙清孔施工作业时，起吊机械突发故障，钢丝绳迅速滑落，导致泥浆管砸到1名工人，经抢救无效死亡	地铁自身（设备不达标）
162	2016年2月19日9时50分	重庆市	重庆轨道交通5号线土建一期5109标，发生高处坠落事故	高处坠落	直接原因：作业人员在拆除贝雷梁过程中违章作业，且未按要求佩戴安全带；间接原因：施工单位主体责任落实不到位，教育和督促从业人员严格执行公司的安全生产规章制度和安全操作规章作业不力，事故隐患排查不到位，未采取有效措施及时发现并消除违反操作规程作业的事故隐患，监督和教育从业人员按照使用规则佩戴、使用劳动防护用品不力	地铁自身（工人违章作业、安全意识匮乏、管理不足）
163	2016年2月25日13时30分	安徽省合肥市	合肥市轨道交通2号线龙岗停车场工程CD02标，发生车辆伤害事故	车辆伤害	—	—
164	2016年3月5日14时30分	广东省深圳市	深圳城市轨道交通9号线BT项目9103-1标上梅林站1号风亭南侧基坑内，两名工人在坑底（距地面3.1 m）对地连墙体进行植筋钻孔作业时，地连墙上方预埋PVC通信管线群及回填土坍塌（总重量为2 000 kg左右）	坍塌	直接原因：地连墙上部至路面的填土层的黏结性差、透水性强、易松散，临近道路车辆和施工振动进一步影响了土体的稳定性，最终导致土体坍塌；间接原因：危险源辨识不到位，施工相关单位未针对填土松散振动有可能发生坍塌危险的安全隐患进行辨识，施工相关单位对现场作业面的安全隐患排查不到位，监理单位旁站监理不到位	自然因素（地质原因），地铁自身（安全意识匮乏、管理不足、监理不到位）

续上表

序号	时间	地点	事故经过及后果	事故类型	事故原因	风险源指向
165	2016年3月27日19时左右	河南省郑州市	郑州轨道交通2号线一期工程,发生触电事故	触电	—	—
166	2016年5月14日4时左右	江西省南昌市	南昌地铁2号线八一广场站出现涌水涌沙,导致路面出现长达10余米的塌陷	坍塌	路面管线破裂漏水,导致涌沙	自然因素(地下管线)
167	2016年5月14日12时5分	江苏省常州市	常州地铁一号线一期工程TJ-10标奥体中心站工程,发生高处坠落事故	高处坠落	1名工人违章翻越安全防护栏时,不慎踏空跌入站台结构顶板上(顶板与地面落差在3 m左右),经抢救无效死亡	地铁自身(工人违章作业)
168	2016年5月29日14时5分	广东省广州市	广州轨道交通13号线首期工程官湖车辆段与综合基地,发生高处坠落事故	高处坠落	—	—
169	2016年6月14日9时10分	吉林省长春市	长春地铁1号线机电设备系统(繁荣路至红咀子)3标段安装工程项目,发生高处坠落事故	高处坠落	—	—
170	2016年6月26日14时40分	广东省深圳市	深圳城市轨道交通9号线BT项目9705标笔架山停车场,一名施工工人在采光井上拖行一块钢格栅板倒退行进时,不慎脚下踏空,从采光井空缺口处坠落至负二层地面(距离8 m)	高处坠落	直接原因:工人安全意识淡薄,未有效挂扣安全带进行钢隔栅铺装工作;间接原因施工单位对服务作业现场安全管理不到位,未能监督服务作业人员按规定使用安全带	地铁自身(安全意识匮乏、管理不足)
171	2016年7月8日22时1分	江苏省南京市	南京市宁高城际轨道交通二期(剩余段)土建施工NG-TA02标段工程,发生机械伤害事故	机械伤害	混凝土泵车前支腿突然下陷,混凝土泵车发生倾斜,砼泵管突然下坠,砸中正在进行混凝土施工作业的1名工人	地铁自身(设备不达标、管理不足)
172	2016年7月8日22时30分	浙江省杭州市	杭州地铁4号线一期工程南延伸段2标工程,发生基坑土体突涌事故	其他类型	杭州本身土质条件比较复杂,有的地方是软土,有的地方是粉砂土,这两种土的差异还比较大;杭州近期雨水多,土体强度下降,渗漏风险也比较大	自然因素(地质原因、降雨因素),地铁自身(管理不足、安全意识匮乏)

续上表

序号	时间	地点	事故经过及后果	事故类型	事故原因	风险源指向
173	2016年7月29日8时10分	重庆市	重庆轨道交通5号线一期工程土建5108标,发生坍塌事故	坍塌	直接原因:事故点D型断面二衬双层钢筋安装过程中,二衬双层钢筋未完全形成整体稳定骨架前,提前拆除了部分临时支撑,加之二衬双层钢筋未有效设置纵向临时支撑;间接原因:施工单位企业主体责任落实不到位,监理单位未能严格履行监理职责	地铁自身(工人违章作业、管理不足、监理不到位)
174	2016年8月3日23时30分	湖北省武汉市	武汉市轨道交通6号线一期工程第11标段(武胜路站),发生触电事故	触电	—	—
175	2016年8月9日9时30分	北京市	北京地铁8号线三期工程土建施工13合同段,发生起重伤害事故	起重伤害	直接原因:吊装过程中起重工未严格按照起重机性能及安全操作规程作业;间接原因:施工单位未有效监督从业人员严格执行安全生产规章制度和安全操作规程	地铁自身(工人违章作业、管理不足)
176	2016年8月13日11时5分	广东省广州市	广州市轨道交通14号线一期工程土建1标,发生车辆伤害事故	车辆伤害	—	—
177	2016年8月28日11时45分	广东省深圳市	深圳市城市轨道交通6号线工程6102标五工区,发生其他类型事故	其他类型	—	—
178	2016年10月19日8时50分	辽宁省沈阳市	沈阳地铁9号线第22合同段,发生坍塌事故,工人在进行挖掘作业时,发现了施工掌子面上有砂土掉落现象和超前小导管脱落后,紧急撤离,在工人撤离过程中,距掌子面约5 m上下台阶交界处拱顶整体断裂,3人瞬间被断口处泄漏沙土掩埋	坍塌	路口重载车往返频繁,震动及动载对下部隧道内施工空顶期土体稳定造成不利影响;下台阶坡率较大,后方为临空面,坡面浅层土体应力释放较严重,坡顶角部区域砂层施工过程中易受扰动,当上拱部初支承受不均匀受力,此榀钢架很容易下沉,进而导致初支上部结构发生断裂;施工方对暗挖施工风险预判不足,对施工过程土质变化监测不到位	自然因素(地质原因),地铁自身(设计不合理、施工质量不合格、管理不足)
179	2016年10月22日16时左右	湖北省武汉市	武汉轨道交通21号线工程BT2标沙口站至军民村站区间,发生高处坠落事故	高处坠落	—	—

续上表

序号	时间	地点	事故经过及后果	事故类型	事故原因	风险源指向
180	2016年11月8日6时50分	江苏省南京市	南京宁和城际轨道交通一期NH-TA01标南京南站—景明佳园站区间工程，发生高处坠落事故	高处坠落	—	—
181	2017年2月12日18时30分	福建省厦门市	厦门市轨道交通2号线一期土建施工总承包（1标段），发生火灾事故	火灾	盾构机减压仓在富氧环境下，连接部位均为金属构件，在反复翻折、摩擦碰撞的情况下产生静电、火花；非阻燃材料在两座椅之间起火，导致该位置人员着火；该位置人员起火后未启动手动喷淋装置，在向盾构减压仓主仓逃生时，将火种带入主仓，引起主仓瞬间燃爆	地铁自身（工人违章作业、安全意识匮乏、管理不足）
182	2017年3月10日18时15分	重庆市	重庆轨道交通环线上浩站及区间隧道工程，发生物体打击事故	物体打击	—	—
183	2017年4月8日20时40分	浙江省宁波市	宁波轨道交通4号线土建工程（第三批）TJ4010标工程，发生坍塌事故	坍塌	—	—
184	2017年4月12日12时40分	广西省南宁市	南宁市轨道交通2号线工程（玉洞—西津）及配套工程投资建设项目轨道工程标，发生高处坠落事故	高处坠落	—	—
185	2017年4月16日7时左右	广东省深圳市	深圳地铁科技大厦，发生高处坠落事故	高处坠落	—	—
186	2017年4月19日14时30分	广东省深圳市	深圳市城市轨道交通8号线一期工程望基湖停车场及出入线综合工程8133标段，发生坍塌事故	坍塌	柱筋四角没有安装缆风绳，侧墙柱结构处于弱平衡状态；脚手架无横向斜杆，在横向成为几何可变体系；三名钢筋工人站在脚手架上使用套筒扳手进行竖向筋连接，产生偏心动荷载，致使侧墙柱钢筋和脚手架方向失稳坍塌；施工单位安全管理、技术管理不到位；监理单位的工作存在缺陷	地铁自身（设计不合理、施工质量不合格、工人违章作业、管理不足、监理不到位）

续上表

序号	时间	地点	事故经过及后果	事故类型	事故原因	风险源指向
187	2017年4月20日8时35分	安徽省合肥市	合肥市轨道交通1号线滨湖车辆段与大连路停车场施工CD02标，发生高处坠落事故	高处坠落	—	—
188	2017年5月2日15时40分	广东省深圳市	深圳市城市轨道交通6号线工程主体工程6102-4标，发生起重伤害事故	起重伤害	正在进行35轴第二层钢支撑架设作业时发生吊车倾覆事件，造成1人死亡	地铁自身（安全意识匮乏）
189	2017年5月11日10时30分	广东省深圳市	深圳市城市轨道交通3号线三期（南延）工程3131标，发生坍塌事故	坍塌	擅自组织土方开挖作业未按照施工方案进行，开挖面开挖坡度偏陡，挖掘机作业时局部超挖，坡顶超载；事故前几日深圳普降大雨，基坑开挖面土体含水量增加，土体强度有不同程度的降低；施工单位违反停工通知要求，擅自组织施工作业；各方未严格落实管理职责	自然因素（降雨因素），地铁自身（工人违章作业、安全意识匮乏、管理不足、监理不到位）
190	2017年5月16日15时左右	安徽省合肥市	合肥市地铁2号线蜀山车辆段CD01标，发生高处坠落事故	高处坠落	—	—
191	2017年6月6日15时30分	新疆乌鲁木齐市	乌鲁木齐轨道交通1号线北门站，发生高处坠落事故	高处坠落	在施工过程中，在未经技术审核通过的情况下，任由作业人员将钢支撑GZ2-17的挂架向南侧平移，放置在钢围檩悬臂的端部，对吊装到位的钢支撑GZ2-17不能及时加预应力；现场存在安全隐患情况下，未采取相应安全措施	地铁自身（工人违章作业、安全意识匮乏、管理不足）
192	2017年6月22日8时左右	广东省广州市	广州市轨道交通21号线工程施工6标地段施工工地内发生一起物体打击事故，造成直接经济损失约170万元	物体打击	桩机夹嘴夹齿严重磨平且没有安全挂钩，导致夹嘴咬合力不够，钢板桩从夹嘴松脱时由于没有安全挂钩将其勾住，而直接砸在刘某身上；刘某以个人名义违规揽接打桩项目，不具备安全生产条件及相应资质，作业前没有编制安全施工方案，且违反打桩机安全作业规程作业，作业用的打桩机设备老旧，没有及时检查维护安全防护设备缺失	地铁自身（工人违章作业、设备不达标、使用无资质人员、安全意识匮乏、管理不足）

续上表

序号	时间	地点	事故经过及后果	事故类型	事故原因	风险源指向
193	2017年6月23日6时5分	山东省青岛市	青岛—海阳城际(蓝色硅谷段)轨道交通工程机电01标,发生车辆伤害事故	车辆伤害	—	—
194	2017年6月30日1时40分	河南省郑州市	郑州市地铁5号线11标项目,发生物体打击事故	物体打击	—	—
195	2017年7月16日9时28分	福建省福州市	福州地铁2号线第十一标项目经理部,发生其他类型事故	其他类型	—	—
196	2017年7月25日7时15分	河南省郑州市	郑州市轨道交通5号线工程土建施工04标段,发生触电事故	触电	—	—
197	2017年8月13日17时2分	甘肃省兰州市	兰州市轨道交通1号线一期管线回迁及道路恢复工程(盘旋路站),发生坍塌事故	坍塌	—	—
198	2017年8月16日8时10分	黑龙江哈尔滨	哈尔滨地铁3号线二期工程TJ—4标,发生起重伤害事故	起重伤害	—	—
199	2017年8月16日16时15分	重庆市	重庆轨道环线一期玉带山车站、南桥寺车站及区间隧道工程,发生起重伤害事故	起重伤害	吊运钢管的过程中,捆绑钢管的钢丝绳突然断裂,导致钢管失稳散落,2名作业工人遭钢管打击后不治身亡	地铁自身(设备不达标)
200	2017年8月17日16时30分	江苏省徐州市	徐州轨道交通1号线一期工程04标段彭城广场站2号线车站负一层临时装料平台发生一起高处坠落事故,造成直接经济损失约170万元	高处坠落	直接原因:信号指挥人员违章指挥,作业人员在吊装作业中违章采用斜拉方式就位重物且用力过猛脱手,使其失去平衡身体后仰翻过作业平台东北角的斜向防护栏杆坠落;间接原因:施工现场管理缺失,监理监管存在漏洞	地铁自身(工人违章作业、管理不足、监理不到位)
201	2017年9月7日13时25分	贵州省贵阳市	贵阳市轨道交通2号线一期,发生其他类型事故	其他类型	—	—

续上表

序号	时间	地点	事故经过及后果	事故类型	事故原因	风险源指向
202	2017年9月19日16时10分	吉林省长春市	长春地铁2号线BT13标段，发生车辆伤害事故	车辆伤害	—	—
203	2017年10月26日16时13分	北京市	北京地铁16号线工程土建施工15合同段，发生车辆伤害事故	车辆伤害	施工工人不具备电动三轮车的驾驶资格擅自驾驶；施工单位疏于对电动三轮车使用和维修的监管，未能及时发现并消除无需钥匙便可启动电动三轮车的安全隐患	地铁自身(工人违章作业、管理不足)
204	2017年10月28日3时左右	湖北省武汉市	武汉轨道交通27号线一期土建施工项目第一标段，发生高处坠落事故	高处坠落	—	—
205	2017年11月4日15时53分	四川省成都市	成都地铁10号线二期土建2标工程发生机械伤害事故，汽车吊进行桩头吊运作业时，汽车吊发生倾翻，在倾翻过程中汽车吊大臂砸中施工围挡外大件路上正常行驶的一辆小轿车	机械伤害	操作人员违反规定在被吊物件重量不明确的情况下进行施工作业；未按要求在作业前将吊车支腿全部伸出，吊车允许额定载荷大幅减小，导致吊车整车失稳倾翻；机械租赁单位未严格落实安全生产管理主体责任，现场监管不到位，未及时消除事故隐患	地铁自身(工人违章作业、管理不足、监理不到位)
206	2017年11月6日16时左右	广东省广州市	广州地铁8号线北延段小坪至石井右线盾构区间发生一起机械伤害事故，一名工人带着安全帽的工人头部夹在法兰盘与支承座之间，经抢救无效死亡，直接经济损失约180万元	机械伤害	维修人员安全意识淡薄，违章作业，安全防护措施不到位；安全生产教育和培训不规范；设备设施检维修制度不完善；生产经营单位未教育和督促从业人员严格执行本单位的安全生产规章制度，并向从业人员如实告知工作岗位存在的危险因素和防范措施	地铁自身(工人违章作业、安全意识匮乏、管理不足、设备不达标)
207	2017年11月19日10时58分	北京市	北京地铁19号线一期工程土建施工05合同段，发生车辆伤害事故	车辆伤害	—	—
208	2018年1月2日1时30分	福建省厦门市	厦门轨道交通1号线董任站北侧地块(±0.00以下部分)配套项目，发生起重伤害事故	起重伤害	—	—

续上表

序号	时间	地点	事故经过及后果	事故类型	事故原因	风险源指向
209	2018年1月6日11时5分	吉林省长春市	长春市城市快速轨道交通轻轨3号线一期工程延伸线，发生高处坠落事故	高处坠落	—	—
210	2018年1月21日11时30分	吉林省长春市	长春地铁2号线BT03标段，发生中毒和窒息事故	中毒和气体泄漏	工人在2号风道内看管保温焦炭炉时发生一氧化碳中毒	地铁自身(安全意识匮乏、管理不足)
211	2018年1月25日17时10分	广东省广州市	广州市轨道交通21号线水西站至苏元站区间左线盾构机带压开仓动火作业时，焊机电缆线短路引发火灾，3名仓内作业人员失联，施救过程中现场突发坍塌	坍塌	工人在有限空间带压动火作业过程中，焊机电缆线绝缘破损短路引发人闸副仓火灾，引燃副仓堆放的可燃物，主仓视频监控故障，未及时发现火灾苗头，主副仓无烟感消防监控系统，仓内人员缺乏消防安全与应急防护装备，无法实施自救，仓外作业人员极速泄压使盾泥泥膜失效，掌子面失稳坍塌将工人埋压	地铁自身(安全意识匮乏、管理不足、设备不达标)
212	2018年1月26日7时左右	广东省广州市	广州地铁21号线10标段水西至苏元区间左线(黄埔区)一盾构机在换刀作业时隧道突发塌方	坍塌	—	—
213	2018年1月29日10时40分	四川省成都市	成都地铁5号线土建9标，发生中毒和窒息事故	中毒和气体泄漏	—	—
214	2018年2月7日20时40分	广东省佛山市	佛山市轨道交通2号线一期工程土建一标段湖涌站至绿岛湖站盾构区间右线工地突发透水，引发隧道及路面坍塌，造成直接经济损失约5 323.8万元	坍塌	事故发生段存在深厚富水粉砂层且临近强透水的中粗砂层，地下水具有承压性，盾构机穿越该地段时发生透水涌砂涌泥坍塌的风险高；盾尾密封装置在使用过程密封性能下降，且被外部水土压力击穿产生透水涌砂通道；涌泥涌砂严重情况下继续进行抢险作业，撤离不及时；隧道结构破坏后，大量泥砂迅猛涌入隧道，形成强烈泥砂流和气浪向洞口方向冲击，导致部分人员逃生失败	自然因素(地质原因、水文地质)，地铁自身(勘查不足、安全意识匮乏、施工质量不合、设备不达标、管理不足、监理不到位)

续上表

序号	时间	地点	事故经过及后果	事故类型	事故原因	风险源指向
215	2018年3月12日8时46分	河南省郑州市	郑州市市民文化服务区地下交通工程土建C标工地，在混凝土搅拌站棚顶进行维修作业时，发生高处坠落事故	高处坠落	违章作业，未正确使用安全防护措施，踩踏承重量达不到上人标准的采光板；四名临时雇的施工人员，安全意识不强、缺乏安全知识，未取得高处作业操作证无证上岗，违章作业；安全管理制度、监督检查职责落实不到位	地铁自身（工人违章作业、使用无资质人员、安全意识匮乏、管理不足、监理不到位）
216	2018年3月21日8时50分	四川省成都市	成都轨道交通18号线工程土建5标项目经理部龙泉山隧道出口工区左线洞内施工过程中，发生一起物体打击事故	物体打击	直接原因：劳务分包单位对掌子面及拱顶排危不到位，导致立架作业过程中落石；间接原因：事故工区地质状况复杂且自稳性一般，开挖后易发生潜在应力释放而围岩失稳	自然因素（地质原因），地铁自身（管理不足、勘查不足）
217	2018年4月2日18时30分	江苏省苏州市	苏州市轨道交通3号线工程土建施工项目Ⅲ-TS-18标，发生物体打击事故	物体打击	在唯亭停车场出入线地面上拆解贝雷梁时，疑似一片贝雷梁倾倒砸中一名工人，经抢救无效死亡	地铁自身安全意识匮乏、管理不足）
218	2018年4月5日8时5分	重庆市	轨道交通环线弹子石、涂山站及区间隧道(包括弹子石立交F、G、H匝道)工程五里店站—弹子石站朝天门大桥南端区间正线结构，发生物体打击事故	物体打击	—	—
219	2018年4月5日14时45分	重庆市	重庆市轨道交通环线二期（上浩-重庆西）项目土建五标工程，发生物体打击事故	物体打击	—	—
220	2018年4月13日21时左右	湖北省武汉市	武汉市轨道交通7号线第七标段工程，发生坍塌事故	坍塌	—	—
221	2018年4月30日12时40分	四川省成都市	成都轨道交通18号线工程土建7标，发生高处坠落事故	高处坠落	—	—
222	2018年5月16日14时10分	宁夏中卫市	中卫市高铁站站前广场道路项目一标段工程，发生物体打击事故	物体打击	—	—

续上表

序号	时间	地点	事故经过及后果	事故类型	事故原因	风险源指向
223	2018年6月25日8时50分	江苏省南京市	南京地铁1号线北延工程土建施工D1N-TA04标二桥公园站工程，发生高处坠落事故	高处坠落	1名工人未佩戴安全带，擅自进行高空作业，违章从底板攀爬上第3道钢围檩，不慎失足从钢围檩上坠落至底板正在施工的作业面，落高度约3 m，经救无效死亡	地铁自身(工人违章作业、安全意识匮乏、管理不足)
224	2018年6月30日12时50分	安徽省合肥市	合肥市轨道交通1号线三期工程总承包项目，发生机械伤害事故	机械伤害	—	—
225	2018年6月30日17时左右	湖南省长沙市	长沙地铁4线一期二标段14工业区项目，发生坍塌事故	坍塌	工人安全意识淡薄，不服从项目部统一指令，违章冒险收集废弃钢材，在导墙混凝土块未完全拆除且处于悬空脆弱平衡的状态下，在导墙下方切割拉扯钢筋，致使导墙混凝土块坍塌引发事故	地铁自身(安全意识匮乏、工人违章作业、管理不足)
226	2018年7月3日8时40分	江苏省徐州市	徐州高铁站区企业区域总部项目工程，发生高处坠落事故	高处坠落	1名木工在进行拆除模板时，不慎从8 m高的脚手架上坠落，经抢救无效死亡	地铁自身(安全意识匮乏、管理不足)
227	2018年7月8日19时30分	广东省广州市	广州市轨道交通8线北延段工程(文化公园—白云湖)【施工2标】土建工程，发生物体打击事故	物体打击	—	—
228	2018年7月31日17时42分	湖南省郑州市	郑州市金水区文化路与黄河路交叉口向东100 m，中孚大厦门口地铁地下施工现场，系郑州在建地铁5号线项目。地铁施工内疑似一氧化碳中毒	中毒和气体泄漏	—	—
229	2018年8月8日7时40分	贵州省贵阳市	贵阳市轨道交通2号线一期工程土建施工10标，发生坍塌事故	坍塌	—	—
230	2018年8月8日11时40分	广东省广州市	广州市轨道交通十四号线一期轨道工程轨道施工总承包项目Ⅱ标，发生物体打击事故	物体打击	—	—

续上表

序号	时间	地点	事故经过及后果	事故类型	事故原因	风险源指向
231	2018年8月14日23时20分	广东省佛山市	佛山城市轨道交通2号线TJ05标，发生机械伤害事故	机械伤害	—	—
232	2018年8月17日15时45分	山东省青岛市	青岛市南区贵州路3号的地铁1号线施工工地区间左线ZK32＋030处，发生车辆伤害事故	车辆伤害	—	—
233	2018年11月11日18时50分	广东省佛山市	佛山市城市轨道交通工程3号线3205-3标，发生机械伤害事故	机械伤害	—	—
234	2018年11月26日3时左右	山东省青岛市	在位于山东省青岛市红岛经济区的地铁8号线B2包01-2工区发生高处坠落事故	高处坠落	地铁8号线B2包01-2工区喷浆作业过程中出现局部脱落掉块，导致分包单位一名喷浆手从工作平台掉落受伤，经送医抢救无效死亡	地铁自身（施工质量不合格）
235	2018年12月20日15时左右	山东省青岛市	青岛市崂山区的地铁4号线施工工地发生一起机械伤害事故	机械伤害	工人在移动潜孔机时受伤，经抢救无效死亡	地铁自身（安全意识匮乏、管理不足）
236	2019年1月7日16时30分	广东省深圳市	深圳地铁16号线6工区坪山中学站工程施工造成燃气管道泄漏	中毒和气体泄漏	泄漏是由于施工现场未探明地下管线情况，未落实燃气管道保护措施所造成	自然因素（地下管线），地铁自身（勘查不足）
237	2019年1月17日7时30分	广东省深圳市	深圳市城市轨道交通6号线工程主体工程6101标段五工区项目部，发生高处坠落事故	高处坠落	工人在进行准备作业时不慎从高处坠落	地铁自身（安全意识匮乏、管理不足）
238	2019年1月18日12时20分	安徽省合肥市	合肥市轨道交通2号线瑶海区拆迁安置项目8号楼、9号楼、10号楼、商业停车库、商业停车库地下室、1号总配电房及垃圾收集点，发生其他类型事故	其他类型	—	—
239	2019年2月22日13时30分	江苏省常州市	常州地铁2号线一期工程TJ-10标工程，发生高处坠落事故	高处坠落	1名工人在运营综合楼11层楼办公室内准备安装消防喷淋，当爬到人字梯第3步（约1.1 m左右）时跌落，经抢救无效死亡	地铁自身（安全意识匮乏、管理不足）

附录Ⅱ　地铁施工事故风险因素调查问卷

附表 2.1　风险影响因素表

代　号	影响因素	代　号	影响因素	代　号	影响因素
S_1	生理状态不佳	S_7	施工方案设计不足	S_{13}	施工单位技术经验
S_2	心理素质不稳定	S_8	材料、设备质量	S_{14}	施工现场管理能力
S_3	自然灾害	S_9	施工质量不合格	S_{15}	监理单位监理能力
S_4	工程地质与水文	S_{10}	管理机构及制度	S_{16}	操作失误
S_5	地质勘查不足	S_{11}	安全教育培训未落实	S_{17}	使用无资质人员
S_6	不良作业环境	S_{12}	安全意识匮乏	S_{18}	工人违章作业

请分析比较各个影响因素之间的关系，如果“行因素”会影响“列因素”，则在对应行与列的交汇方格内填“√”；如果没影响则不用填写。例如，“行因素 S_1”对“列因素 S_5”有直接影响，那就在 S_1 行对应的 S_5 列方格内填 “√”。

	S_1	S_2	S_3	S_4	S_5	S_6	S_7	S_8	S_9	S_{10}	S_{11}	S_{12}	S_{13}	S_{14}	S_{15}	S_{16}	S_{17}	S_{18}
S_1																		
S_2																		
S_3																		
S_4																		
S_5																		
S_6																		
S_7																		
S_8																		
S_9																		
S_{10}																		
S_{11}																		
S_{12}																		
S_{13}																		
S_{14}																		
S_{15}																		
S_{16}																		
S_{17}																		
S_{18}																		

请根据您心中对于阻止各项因素难度大小的级别，在对应的级别方格内填写“√”。例如，您认为阻止“生理状态不佳”的难度是一般大小，那请在统一栏对应的“一般”级别方格内填写“√”。

因　素	级　别				
	很大	较大	一般	较小	很小
v_{11}阻止“生理状态不佳”的难度					
v_{12}阻止“心理素质不稳定”的难度					
v_{13}阻止“地质勘查不足”的难度					
v_{14}阻止“安全意识匮乏”的难度					
v_{15}阻止“施工单位技术经验”的难度					
v_{16}阻止“操作失误”的难度					
v_{21}阻止“管理机构及制度”的难度					
v_{22}阻止“安全教育培训未落实”的难度					
v_{23}阻止“施工现场管理能力”的难度					
v_{24}阻止“监理单位监理能力”的难度					
v_{25}阻止“使用无资质人员”的难度					
v_{26}阻止“工人违章作业”的难度					
v_{31}阻止“施工方案设计不足”的难度					
v_{32}阻止“材料、设备质量”的难度					
v_{33}阻止“施工质量不合格”的难度					
v_{41}阻止“自然灾害”的难度					
v_{42}阻止“工程地质与水文”的难度					
v_{43}阻止“不良作业环境”的难度					

附录Ⅲ　Matlab 求解可达矩阵

利用 Matlab 求解可达矩阵

Matlab 软件编程，程序如下：

```
>>A=[0 0 0 0 0 0 0 0 0 0 0 0 0 0 0 1 0 0;
0 0 0 0 0 0 0 0 0 0 0 1 0 1 1 0 0 0;
0 0 0 0 0 1 0 0 0 0 0 0 0 0 0 1 0 0;
0 0 0 0 1 0 0 0 0 0 0 0 0 0 0 0 0 0;
0 0 0 0 0 1 0 0 0 0 0 0 0 0 0 0 0 0;
0 0 0 0 0 0 1 0 0 0 0 0 0 0 0 0 0 0;
0 0 0 0 0 0 0 0 1 0 0 0 0 0 0 0 0 0;
0 0 0 0 0 0 0 0 1 0 0 0 0 0 0 0 0 0;
0 0 0 0 0 0 0 0 0 0 0 0 0 0 0 0 0 0;
0 0 0 0 0 0 0 0 0 0 0 0 0 1 1 0 0 0;
0 0 0 0 0 0 0 0 0 0 0 1 0 0 0 0 0 0;
0 0 0 0 0 0 0 1 0 0 0 0 0 0 0 0 1 1;
0 0 0 0 0 0 1 0 0 0 0 0 0 0 0 0 1 1;
0 0 0 0 0 0 0 1 0 0 0 0 0 0 0 0 1 1;
0 0 0 0 0 0 0 1 0 0 0 0 0 0 0 0 1 1;
0 0 0 0 0 0 0 0 0 0 0 0 0 0 0 0 0 0;
0 0 0 0 0 0 0 0 1 0 0 0 0 0 0 1 0 0;
0 0 0 0 0 0 0 0 1 0 0 0 0 0 0 1 0 0;
];
I=eye(size(A));
R=A+I;
k=0;
while 1
Rnew=R*(A+I)>0;
if isequal(R,Rnew)
Rnew
k=k+1
break;
```

```
end
R=Rnew;
k=k+1;
end
Rnew =
18×18 logical 数组
1 0 0 0 0 0 0 0 0 0 0 0 0 0 0 1 0 0
0 1 0 0 0 0 0 1 1 0 0 1 0 1 1 1 1 1
0 0 1 0 0 1 1 0 1 0 0 0 0 0 0 1 0 0
0 0 0 1 1 1 1 0 1 0 0 0 0 0 0 0 0 0
0 0 0 0 1 1 1 0 1 0 0 0 0 0 0 0 0 0
0 0 0 0 0 1 1 0 1 0 0 0 0 0 0 0 0 0
0 0 0 0 0 0 1 0 1 0 0 0 0 0 0 0 0 0
0 0 0 0 0 0 0 1 1 0 0 0 0 0 0 0 0 0
0 0 0 0 0 0 0 0 1 0 0 0 0 0 0 0 0 0
0 0 0 0 0 0 0 1 1 1 0 0 0 1 1 1 1 1
0 0 0 0 0 0 0 1 1 0 1 1 0 0 0 1 1 1
0 0 0 0 0 0 0 1 1 0 0 1 0 0 0 1 1 1
0 0 0 0 0 0 1 0 1 0 0 0 1 0 0 1 1 1
0 0 0 0 0 0 0 1 1 0 0 0 0 1 0 1 1 1
0 0 0 0 0 0 0 1 1 0 0 0 0 0 1 1 1 1
0 0 0 0 0 0 0 0 0 0 0 0 0 0 0 1 0 0
0 0 0 0 0 0 0 0 1 0 0 0 0 0 0 1 1 0
0 0 0 0 0 0 0 0 1 0 0 0 0 0 0 1 0 1
k =
    4
```

Matlab 软件编程,截图如下:

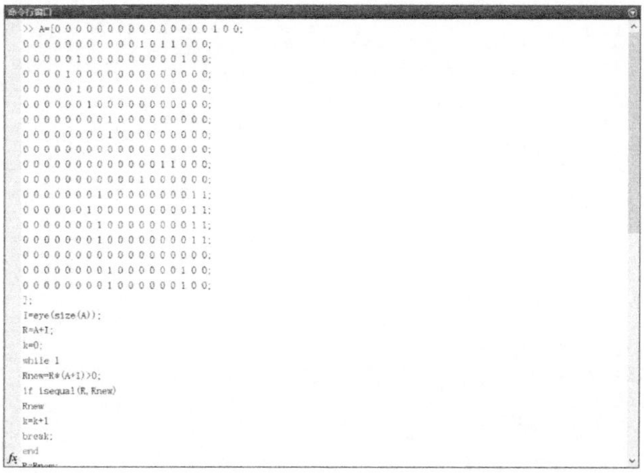

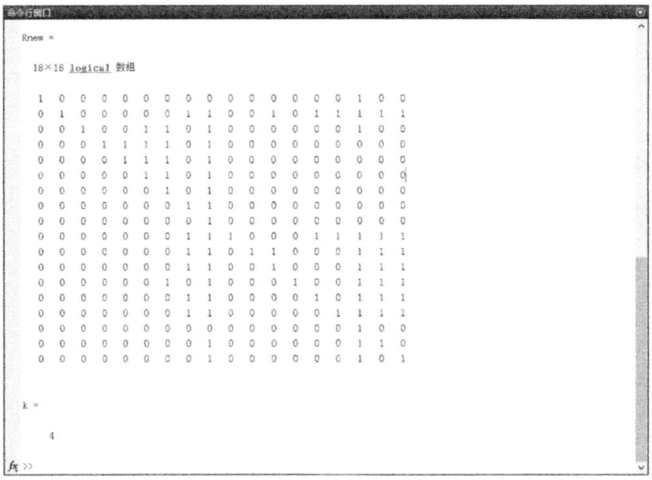

```
命令行窗口

Rnew =

  18×18 logical 数组

   1   0   0   0   0   0   0   0   0   0   0   0   0   0   0   1   0   0
   0   1   0   0   0   0   0   1   1   0   0   1   0   1   1   1   1   1
   0   0   1   0   0   1   1   0   1   0   0   0   0   0   0   1   0   0
   0   0   0   1   1   1   1   0   1   0   0   0   0   0   0   0   0   0
   0   0   0   0   1   1   1   0   1   0   0   0   0   0   0   0   0   0
   0   0   0   0   0   1   1   0   1   0   0   0   0   0   0   0   0   0
   0   0   0   0   0   0   1   0   1   0   0   0   0   0   0   0   0   0
   0   0   0   0   0   0   0   1   1   0   0   0   0   0   0   0   0   0
   0   0   0   0   0   0   0   0   1   0   0   0   0   0   0   0   0   0
   0   0   0   0   0   0   0   1   1   1   0   0   0   1   1   1   1   1
   0   0   0   0   0   0   0   1   1   0   1   1   0   0   0   1   1   1
   0   0   0   0   0   0   0   1   1   0   0   1   0   0   0   1   1   1
   0   0   0   0   0   0   1   0   1   0   0   0   1   0   0   1   1   1
   0   0   0   0   0   0   0   1   1   0   0   0   0   1   0   1   1   1
   0   0   0   0   0   0   0   1   1   0   0   0   0   0   1   1   1   1
   0   0   0   0   0   0   0   0   0   0   0   0   0   0   0   1   0   0
   0   0   0   0   0   0   0   0   1   0   0   0   0   0   0   1   1   0
   0   0   0   0   0   0   0   0   1   0   0   0   0   0   0   1   0   1

k =

     4

fx >>
```

附录Ⅳ　可达矩阵在地铁事故案例分析中的应用

1. 矩阵级间划分的计算过程

附表 4.1　可达集合与先行集合及其交集表①

序　号	$R(S_i)$	$Q(S_j)$	$R(S_i)\cap Q(S_j)$
1	1、16	1	1
2	2、8、9、12、14、15、16、17、18	2	2
3	3、6、7、9、16	3	3
4	4、5、6、7、9	4	4
5	5、6、7、9	4、5	5
6	6、7、9	3、4、5、6	6
7	7、9	3、4、5、6、7、13	7
8	8、9	2、8、10、11、12、14、15	8
9	9	2、3、4、5、6、7、8、9、10、11、12、13、14、15、17、18	9
10	8、9、10、14、15、16、17、18	10	10
11	8、9、11、12、16、17、18	11	11
12	8、9、12、16、17、18	2、11、12	12
13	7、9、13、16、17、18	13	13
14	8、9、14、16、17、18	2、10、14	14
15	8、9、15、16、17、18	2、10、15	15
16	16	1、2、3、10、11、12、13、14、15、16、17、18	16
17	16、17	2、10、11、12、13、14、15、17	17
18	16、18	2、10、11、12、13、14、15、18	18

有且仅有 $i=j=9$、16，使得 $R(S_i)=R(S_i)\cap Q(S_j)$。

故第一级元素为 S_9、S_{16}。

附表 4.2　可达集合与先行集合及其交集表②

序　号	$R(S_i)$	$Q(S_j)$	$R(S_i)\cap Q(S_j)$
1	1	1	1
2	2、8、12、14、15、17、18	2	2
3	3、6、7	3	3

续上表

序　号	$R(S_i)$	$Q(S_j)$	$R(S_i)\cap Q(S_j)$
4	4、5、6、7	4	4
5	5、6、7	4、5	5
6	6、7	3、4、5、6	6
7	7	3、4、5、6、7、13	7
8	8	2、8、10、11、12、14、15	8
10	8、10、14、15、17、18	10	10
11	8、11、12、17、18	11	11
12	8、12、17、18	2、11、12	12
13	7、13、17、18	13	13
14	8、14、17、18	2、10、14	14
15	8、15、17、18	2、10、15	15
17	17	2、10、11、12、13、14、15、17	17
18	18	2、10、11、12、13、14、15、18	18

有且仅有 $i=j=1$、7、8、17、18，使得 $R(S_i)=R(S_i)\cap Q(S_j)$。

故第二级元素为 S_1、S_7、S_8、S_{17}、S_{18}。

附表 4.3　可达集合与先行集合及其交集表③

序　号	$R(S_i)$	$Q(S_j)$	$R(S_i)\cap Q(S_j)$
2	2、12、14、15	2	2
3	3、6	3	3
4	4、5、6	4	4
5	5、6	4、5	5
6	6	3、4、5、6	6
10	10、14、15	10	10
11	11、12	11	11
12	12	2、11、12	12
13	13	13	13
14	14	2、10、14	14
15	15	2、10、15	15

有且仅有 $i=j=6$、12、13、14、15，使得 $R(S_i)=R(S_i)\cap Q(S_j)$。

故第三级元素为 S_6、S_{12}、S_{13}、S_{14}、S_{15}。

附表 4.4　可达集合与先行集合及其交集表④

序　号	$R(S_i)$	$Q(S_j)$	$R(S_i)\cap Q(S_j)$
2	2	2	2
3	3	3	3

续上表

序　号	$R(S_i)$	$Q(S_j)$	$R(S_i)\cap Q(S_j)$
4	4、5	4	4
5	5	4、5	5
10	10	10	10
11	11	11	11

有且仅有 $i=j=2$、3、5、10、11，使得 $R(S_i)=R(S_i)\cap Q(S_j)$。

故第四级元素为 S_2、S_3、S_5、S_{10}、S_{11}。

附表 4.5　可达集合与先行集合及其交集表⑤

序　号	$R(S_i)$	$Q(S_j)$	$R(S_i)\cap Q(S_j)$
4	4	4	4

有且仅有 $i=j=4$，使得 $R(S_i)=R(S_i)\cap Q(S_j)$。

故第五级元素为 S_4。

2. 指标权重的计算过程

(1)第二级指标权重的确定

V:地铁施工阶段安全事故；

$\mathbf{V}_1$:人的因素；

$\mathbf{V}_2$:管理因素；

$\mathbf{V}_3$:物的因素；

$\mathbf{V}_4$:环境因素。

V	$\mathbf{V}_1$	$\mathbf{V}_2$	$\mathbf{V}_3$	$\mathbf{V}_4$
$\mathbf{V}_1$	1	1/2	2	2
$\mathbf{V}_2$	2	1	3	4
$\mathbf{V}_3$	1/2	1/3	1	2
$\mathbf{V}_4$	1/2	1/4	1/2	1

$$\mathbf{V}=\begin{bmatrix}1 & 1/2 & 2 & 2\\ 2 & 1 & 3 & 4\\ 1/2 & 1/3 & 1 & 2\\ 1/2 & 1/4 & 1/2 & 1\end{bmatrix}$$

列向量归一化，得：$\begin{bmatrix}0.250\,0 & 0.240\,0 & 0.307\,7 & 0.222\,2\\ 0.500\,0 & 0.480\,0 & 0.461\,5 & 0.444\,4\\ 0.125\,0 & 0.160\,0 & 0.153\,8 & 0.222\,2\\ 0.125\,0 & 0.120\,0 & 0.076\,9 & 0.111\,1\end{bmatrix}$；

行和归一化，得：$\begin{bmatrix}0.255\,0\\ 0.471\,5\\ 0.165\,3\\ 0.108\,3\end{bmatrix}=\mathbf{W}$；

$$\boldsymbol{VW}=\begin{bmatrix}1 & 1/2 & 2 & 2\\ 2 & 1 & 3 & 4\\ 1/2 & 1/3 & 1 & 2\\ 1/2 & 1/4 & 1/2 & 1\end{bmatrix}\begin{bmatrix}0.2550\\ 0.4715\\ 0.1653\\ 0.1083\end{bmatrix}=\begin{bmatrix}1.0380\\ 1.9106\\ 0.6666\\ 0.4363\end{bmatrix};$$

$$\lambda_{\max}=\frac{1}{n}\sum_{i=1}^{n}\frac{(\boldsymbol{VW})_i}{\boldsymbol{W}}=\frac{1}{4}\times\left(\frac{1.0380}{0.2550}+\frac{1.9106}{0.4715}+\frac{0.6666}{0.1653}+\frac{0.4363}{0.1083}\right)=4.046;$$

一致性指标：$\text{C. I.}=\frac{\lambda_{\max}-n}{n-1}=\frac{4.046-4}{4-1}=0.0153$；

一致性比率：$\text{C. R.}=\frac{\text{C. I.}}{\text{R. I}}=\frac{0.0153}{0.90}=0.017<0.1$；

故该判断矩阵的一致性可以接受，权重向量 $\boldsymbol{W}$ 可以接受。

(2)第三级指标权重的确定

①人的因素的权重

$\boldsymbol{V}_1$：人的因素；

$\boldsymbol{V}_{11}$：S_1 生理状态不佳；

$\boldsymbol{V}_{12}$：S_2 心理素质不稳定；

$\boldsymbol{V}_{13}$：S_5 地质勘查不足；

$\boldsymbol{V}_{14}$：S_{12}安全意识匮乏；

$\boldsymbol{V}_{15}$：S_{13}施工单位技术经验；

$\boldsymbol{V}_{16}$：S_{16}操作失误。

$\boldsymbol{V}_1$	$\boldsymbol{V}_{11}$	$\boldsymbol{V}_{12}$	$\boldsymbol{V}_{13}$	$\boldsymbol{V}_{14}$	$\boldsymbol{V}_{15}$	$\boldsymbol{V}_{16}$
$\boldsymbol{V}_{11}$	1	3	2	1/4	1/5	1/3
$\boldsymbol{V}_{12}$	1/3	1	1/2	1/5	1/6	1/4
$\boldsymbol{V}_{13}$	1/2	2	1	1/5	1/6	1/4
$\boldsymbol{V}_{14}$	4	5	5	1	1/2	1
$\boldsymbol{V}_{15}$	5	6	6	2	1	2
$\boldsymbol{V}_{16}$	3	4	4	1	1/2	1

$$\boldsymbol{V}_1=\begin{bmatrix}1 & 3 & 2 & 1/4 & 1/5 & 1/3\\ 1/3 & 1 & 1/2 & 1/5 & 1/6 & 1/4\\ 1/2 & 2 & 1 & 1/5 & 1/6 & 1/4\\ 4 & 5 & 5 & 1 & 1/2 & 1\\ 5 & 6 & 6 & 2 & 1 & 2\\ 3 & 4 & 4 & 1 & 1/2 & 1\end{bmatrix}$$

列向量归一化，得：
$$\begin{bmatrix}6/83 & 1/7 & 4/37 & 5/93 & 3/38 & 2/29\\ 2/83 & 1/21 & 1/37 & 4/93 & 5/76 & 3/58\\ 3/83 & 2/21 & 2/37 & 4/93 & 5/76 & 3/58\\ 4/83 & 5/21 & 10/37 & 20/93 & 15/76 & 6/29\\ 30/83 & 2/7 & 12/37 & 40/93 & 15/38 & 12/29\\ 18/83 & 4/21 & 8/37 & 20/93 & 15/76 & 6/29\end{bmatrix};$$

行和归一化，得：$\begin{bmatrix} 0.0875 \\ 0.0432 \\ 0.0577 \\ 0.2361 \\ 0.3684 \\ 0.2071 \end{bmatrix} = \boldsymbol{W}$；

$$\boldsymbol{V}_1\boldsymbol{W} = \begin{bmatrix} 1 & 3 & 2 & 1/4 & 1/5 & 1/3 \\ 1/3 & 1 & 1/2 & 1/5 & 1/6 & 1/4 \\ 1/2 & 2 & 1 & 1/5 & 1/6 & 1/4 \\ 4 & 5 & 5 & 1 & 1/2 & 1 \\ 5 & 6 & 6 & 2 & 1 & 2 \\ 3 & 4 & 4 & 1 & 1/2 & 1 \end{bmatrix} \begin{bmatrix} 0.0875 \\ 0.0432 \\ 0.0577 \\ 0.2361 \\ 0.3684 \\ 0.2071 \end{bmatrix} = \begin{bmatrix} 0.5342 \\ 0.2616 \\ 0.3482 \\ 1.4819 \\ 2.2977 \\ 1.2935 \end{bmatrix};$$

$$\lambda_{\max} = \frac{1}{n}\sum_{i=1}^{n}\frac{(\boldsymbol{V}_1\boldsymbol{W})_i}{\boldsymbol{W}}$$

$$= \frac{1}{6} \times \left(\frac{0.5342}{0.0875} + \frac{0.2616}{0.0432} + \frac{0.3482}{0.0577} + \frac{1.4819}{0.2361} + \frac{2.2977}{0.3684} + \frac{1.2935}{0.2071}\right) = 6.1591;$$

一致性指标：$\text{C.I.} = \frac{\lambda_{\max} - n}{n-1} = \frac{6.1591-6}{6-1} = 0.0318$；

一致性比率：$\text{C.R.} = \frac{\text{C.I.}}{\text{R.I}} = \frac{0.0318}{1.24} = 0.0257 < 0.1$；

故该判断矩阵的一致性可以接受，权重向量 $\boldsymbol{W}$ 可以接受。

②管理因素的权重

$\boldsymbol{V}_2$：管理因素；

$\boldsymbol{V}_{21}$：S_{10}管理机构及制度；

$\boldsymbol{V}_{22}$：S_{11}安全教育培训未落实；

$\boldsymbol{V}_{23}$：S_{14}施工现场管理能力；

$\boldsymbol{V}_{24}$：S_{15}监理单位监理能力；

$\boldsymbol{V}_{25}$：S_{17}使用无资质人员；

$\boldsymbol{V}_{26}$：S_{18}工人违章作业。

$\boldsymbol{V}_2$	$\boldsymbol{V}_{21}$	$\boldsymbol{V}_{22}$	$\boldsymbol{V}_{23}$	$\boldsymbol{V}_{24}$	$\boldsymbol{V}_{25}$	$\boldsymbol{V}_{26}$
$\boldsymbol{V}_{21}$	1	2	1/3	1/3	1/5	1/4
$\boldsymbol{V}_{22}$	1/2	1	1/3	1/3	1/5	1/4
$\boldsymbol{V}_{23}$	3	3	1	2	1/3	1/3
$\boldsymbol{V}_{24}$	3	3	1/2	1	1/3	1/3
$\boldsymbol{V}_{25}$	5	5	3	3	1	2
$\boldsymbol{V}_{26}$	4	4	3	3	1/2	1

$$\boldsymbol{V}_2 = \begin{bmatrix} 1 & 2 & 1/3 & 1/3 & 1/5 & 1/4 \\ 1/2 & 1 & 1/3 & 1/3 & 1/5 & 1/4 \\ 3 & 3 & 1 & 2 & 1/3 & 1/3 \\ 3 & 3 & 1/2 & 1 & 1/3 & 1/3 \\ 5 & 5 & 3 & 3 & 1 & 2 \\ 4 & 4 & 3 & 3 & 1/2 & 1 \end{bmatrix}$$

列向量归一化，得：$\begin{bmatrix} 2/33 & 1/9 & 2/49 & 1/29 & 6/77 & 3/50 \\ 1/33 & 1/18 & 2/49 & 1/29 & 6/77 & 3/50 \\ 6/33 & 1/6 & 6/49 & 6/29 & 10/77 & 2/25 \\ 6/33 & 1/6 & 3/49 & 3/29 & 10/77 & 2/25 \\ 10/33 & 5/18 & 18/49 & 9/29 & 30/77 & 12/25 \\ 8/33 & 2/9 & 18/49 & 9/29 & 15/77 & 6/25 \end{bmatrix}$；

行和归一化，得：$\begin{bmatrix} 0.064\,2 \\ 0.049\,8 \\ 0.148\,0 \\ 0.120\,5 \\ 0.354\,7 \\ 0.262\,9 \end{bmatrix} = \boldsymbol{W}$；

$$\boldsymbol{V}_2\boldsymbol{W} = \begin{bmatrix} 1 & 2 & 1/3 & 1/3 & 1/5 & 1/4 \\ 1/2 & 1 & 1/3 & 1/3 & 1/5 & 1/4 \\ 3 & 3 & 1 & 2 & 1/3 & 1/3 \\ 3 & 3 & 1/2 & 1 & 1/3 & 1/3 \\ 5 & 5 & 3 & 3 & 1 & 2 \\ 4 & 4 & 3 & 3 & 1/2 & 1 \end{bmatrix} \begin{bmatrix} 0.064\,2 \\ 0.049\,8 \\ 0.148\,0 \\ 0.120\,5 \\ 0.354\,7 \\ 0.262\,9 \end{bmatrix} = \begin{bmatrix} 0.390\,0 \\ 0.308\,1 \\ 0.936\,9 \\ 0.742\,4 \\ 2.256\,0 \\ 1.701\,8 \end{bmatrix};$$

$$\lambda_{\max} = \frac{1}{n}\sum_{i=1}^{n}\frac{(\boldsymbol{V}_2\boldsymbol{W})_i}{\boldsymbol{W}}$$
$$= \frac{1}{6}\times\left(\frac{0.390\,0}{0.064\,2}+\frac{0.308\,1}{0.049\,8}+\frac{0.936\,9}{0.148\,0}+\frac{0.742\,4}{0.120\,5}+\frac{2.256\,0}{0.354\,7}+\frac{1.701\,8}{0.262\,9}\right)=6.264\,4;$$

一致性指标：$\text{C. I.} = \frac{\lambda_{\max}-n}{n-1} = \frac{6.264\,4-6}{6-1} = 0.052\,9$；

一致性比率：$\text{C. R.} = \frac{\text{C. I.}}{\text{R. I}} = \frac{0.052\,9}{1.24} = 0.042\,7 < 0.1$；

故该判断矩阵的一致性可以接受，权重向量 **W** 可以接受。

③物的因素的权重

$\boldsymbol{V}_3$：物的因素；

$\boldsymbol{V}_{31}$：S_7 施工方案设计不足；

$\boldsymbol{V}_{32}$：S_8 材料、设备质量；

$\boldsymbol{V}_{33}$：S_9 施工质量不合格。

$\boldsymbol{V}_3$	$\boldsymbol{V}_{31}$	$\boldsymbol{V}_{32}$	$\boldsymbol{V}_{33}$
$\boldsymbol{V}_{31}$	1	1/2	1/3
$\boldsymbol{V}_{32}$	2	1	1/3
$\boldsymbol{V}_{33}$	3	3	1

$$\boldsymbol{V}_3 = \begin{bmatrix} 1 & 1/2 & 1/3 \\ 2 & 1 & 1/3 \\ 3 & 3 & 1 \end{bmatrix}$$

列向量归一化，得：$\begin{bmatrix} 1/6 & 1/9 & 1/5 \\ 1/2 & 2/9 & 1/5 \\ 1/3 & 2/3 & 3/5 \end{bmatrix}$；

行和归一化，得：$\begin{bmatrix}0.1593\\0.3074\\0.5333\end{bmatrix}=\boldsymbol{W}$；

$$\boldsymbol{V}_3\boldsymbol{W}=\begin{bmatrix}1&1/2&1/3\\2&1&1/3\\3&3&1\end{bmatrix}\begin{bmatrix}0.1593\\0.3074\\0.5333\end{bmatrix}=\begin{bmatrix}0.4908\\0.8038\\1.9334\end{bmatrix};$$

$$\lambda_{\max}=\frac{1}{n}\sum_{i=1}^{n}\frac{(\boldsymbol{V}_3\boldsymbol{W})_i}{\boldsymbol{W}}=\frac{1}{3}\times\left(\frac{0.4908}{0.1593}+\frac{0.8038}{0.3074}+\frac{1.9334}{0.5333}\right)=3.107;$$

一致性指标：$\text{C. I.}=\frac{\lambda_{\max}-n}{n-1}=\frac{3.107-3}{3-1}=0.0535$；

一致性比率：$\text{C. R.}=\frac{\text{C. I.}}{\text{R. I}}=\frac{0.0535}{0.58}=0.0922<0.1$；

故该判断矩阵的一致性可以接受，权重向量$\boldsymbol{W}$可以接受。

④环境因素的权重

$\boldsymbol{V}_4$：环境因素；

$\boldsymbol{V}_{41}$：S_3 自然灾害；

$\boldsymbol{V}_{42}$：S_4 工程地质与水文；

$\boldsymbol{V}_{43}$：S_6 不良作业环境。

$\boldsymbol{V}_4$	$\boldsymbol{V}_{41}$	$\boldsymbol{V}_{42}$	$\boldsymbol{V}_{43}$
$\boldsymbol{V}_{41}$	1	2	1/2
$\boldsymbol{V}_{42}$	1/2	1	1/3
$\boldsymbol{V}_{43}$	2	3	1

$$\boldsymbol{V}_3=\begin{bmatrix}1&2&1/2\\1/2&1&1/3\\2&3&1\end{bmatrix}$$

列向量归一化，得：$\begin{bmatrix}2/7&1/3&3/11\\1/7&1/6&2/11\\4/7&1/2&6/11\end{bmatrix}$；

行和归一化，得：$\begin{bmatrix}0.2973\\0.1638\\0.5389\end{bmatrix}=\boldsymbol{W}$；

$$\boldsymbol{V}_4\boldsymbol{W}=\begin{bmatrix}1&2&1/2\\1/2&1&1/3\\2&3&1\end{bmatrix}\begin{bmatrix}0.2973\\0.1638\\0.5389\end{bmatrix}=\begin{bmatrix}0.8944\\0.4921\\1.6249\end{bmatrix};$$

$$\lambda_{\max}=\frac{1}{n}\sum_{i=1}^{n}\frac{(\boldsymbol{V}_4\boldsymbol{W})_i}{\boldsymbol{W}}=\frac{1}{3}\times\left(\frac{0.8944}{0.2973}+\frac{0.4921}{0.1638}+\frac{1.6249}{0.5389}\right)=3.009;$$

一致性指标：$\text{C. I.}=\frac{\lambda_{\max}-n}{n-1}=\frac{3.009-3}{3-1}=0.0045$；

一致性比率：$\text{C. R.}=\frac{\text{C. I.}}{\text{R. I}}=\frac{0.0045}{0.58}=0.0078<0.1$；

故该判断矩阵的一致性可以接受，权重向量$\boldsymbol{W}$可以接受。

3. 模糊综合评判的计算过程

(1)阻止“人的因素”的难度

$$\text{隶属子集 } \boldsymbol{R}_1=\begin{bmatrix}\boldsymbol{R}_{11}\\ \boldsymbol{R}_{12}\\ \boldsymbol{R}_{13}\\ \boldsymbol{R}_{14}\\ \boldsymbol{R}_{15}\\ \boldsymbol{R}_{16}\end{bmatrix}=\begin{bmatrix}0.15 & 0.50 & 0.25 & 0.10 & 0\\ 0.05 & 0.25 & 0.18 & 0.25 & 0\\ 0.10 & 0.10 & 0.55 & 0.2 & 0.05\\ 0.40 & 0.35 & 0.25 & 0 & 0\\ 0.60 & 0.35 & 0.05 & 0 & 0\\ 0.25 & 0.45 & 0.20 & 0.10 & 0\end{bmatrix}$$

权重系数 $\boldsymbol{W}_1^{\mathrm{T}}=(0.0875,0.0432,0.0577,0.2361,0.3684,0.2071)$

进行模糊矩阵的复合运算:

(运算规则为:$x\wedge y=\min\{x,y\}$,$x\vee y=\max\{x,y\}$)

$$\boldsymbol{S}_1=\boldsymbol{W}_1^{\mathrm{T}}\circ R_1=(0.0875,0.0432,0.0577,0.2361,0.3684,0.2071)\circ\begin{bmatrix}0.15 & 0.50 & 0.25 & 0.10 & 0\\ 0.05 & 0.25 & 0.18 & 0.25 & 0\\ 0.10 & 0.10 & 0.55 & 0.2 & 0.05\\ 0.40 & 0.35 & 0.25 & 0 & 0\\ 0.60 & 0.35 & 0.05 & 0 & 0\\ 0.25 & 0.45 & 0.20 & 0.10 & 0\end{bmatrix}$$

$=\{(0.0875\wedge 0.15)\vee(0.0432\wedge 0.05)\vee(0.0577\wedge 0.1)\vee(0.2361\wedge 0.4)\vee(0.3684\wedge 0.6)\vee(0.2071\wedge 0.25),(0.0875\wedge 0.5)\vee(0.0432\wedge 0.25)\vee(0.0577\wedge 0.1)\vee(0.2361\wedge 0.35)\vee(0.3684\wedge 0.35)\vee(0.2071\wedge 0.45),(0.0875\wedge 0.25)\vee(0.0432\wedge 0.18)\vee(0.0577\wedge 0.55)\vee(0.2361\wedge 0.25)\vee(0.3684\wedge 0.05)\vee(0.2071\wedge 0.2),(0.0875\wedge 0.1)\vee(0.0432\wedge 0.25)\vee(0.0577\wedge 0.2)\vee(0.2361\wedge 0)\vee(0.3684\wedge 0)\vee(0.2071\wedge 0.1),(0.0875\wedge 0)\vee(0.0432\wedge 0)\vee(0.0577\wedge 0.05)\vee(0.2361\wedge 0)\vee(0.3684\wedge 0)\vee(0.2071\wedge 0)\}$

$=(0.3684,0.35,0.2361,0.1,0.05)$

经归一化处理,$S_1'=(0.3335,0.3169,0.2138,0.0905,0.0453)$

(2)阻止“管理因素”的难度

$$\text{隶属子集 } \boldsymbol{R}_2=\begin{bmatrix}\boldsymbol{R}_{21}\\ \boldsymbol{R}_{22}\\ \boldsymbol{R}_{23}\\ \boldsymbol{R}_{24}\\ \boldsymbol{R}_{25}\\ \boldsymbol{R}_{26}\end{bmatrix}=\begin{bmatrix}0.05 & 0.20 & 0.60 & 0.10 & 0.05\\ 0.10 & 0.15 & 0.45 & 0.15 & 0.15\\ 0.15 & 0.30 & 0.35 & 0.20 & 0\\ 0.15 & 0.25 & 0.35 & 0.20 & 0.05\\ 0.50 & 0.40 & 0.10 & 0 & 0\\ 0.35 & 0.45 & 0.20 & 0 & 0\end{bmatrix}$$

权重系数 $\boldsymbol{W}_2^{\mathrm{T}}=(0.0642,0.0498,0.1480,0.1205,0.3547,0.2629)$

进行模糊矩阵的复合运算:

$\boldsymbol{S}_2=\boldsymbol{W}_2^{\mathrm{T}}\circ\boldsymbol{R}_2=(0.0642,0.0498,0.1480,0.1205,0.3547,0.2629)$

$$\circ\begin{bmatrix}0.05 & 0.20 & 0.60 & 0.10 & 0.05\\0.10 & 0.15 & 0.45 & 0.15 & 0.15\\0.15 & 0.30 & 0.35 & 0.20 & 0\\0.15 & 0.25 & 0.35 & 0.20 & 0.05\\0.50 & 0.40 & 0.10 & 0 & 0\\0.35 & 0.45 & 0.20 & 0 & 0\end{bmatrix}$$

$=\{(0.064\,2\wedge 0.05)\vee(0.049\,8\wedge 0.1)\vee(0.148\wedge 0.15)\vee(0.120\,5\wedge 0.15)\vee(0.354\,7\wedge 0.5)\vee(0.262\,9\wedge 0.35),(0.064\,2\wedge 0.2)\vee(0.049\,8\wedge 0.15)\vee(0.148\wedge 0.3)\vee(0.120\,5\wedge 0.25)\vee(0.354\,7\wedge 0.4)\vee(0.262\,9\wedge 0.45),(0.064\,2\wedge 0.6)\vee(0.049\,8\wedge 0.45)\vee(0.148\wedge 0.35)\vee(0.120\,5\wedge 0.35)\vee(0.354\,7\wedge 0.1)\vee(0.262\,9\wedge 0.2),(0.064\,2\wedge 0.1)\vee(0.049\,8\wedge 0.15)\vee(0.148\wedge 0.2)\vee(0.120\,5\wedge 0.2)\vee(0.354\,7\wedge 0)\vee(0.262\,9\wedge 0),(0.064\,2\wedge 0.05)\vee(0.049\,8\wedge 0.15)\vee(0.148\wedge 0)\vee(0.120\,5\wedge 0.05)\vee(0.354\,7\wedge 0)\vee(0.262\,9\wedge 0)\}$

$=(0.354\,7,0.354\,7,0.2,0.148,0.05)$

经归一化处理，$\boldsymbol{S}_2'=(0.320\,3,0.320\,3,0.180\,6,0.133\,6,0.045\,2)$

(3)阻止“物的因素”的难度

$$\text{隶属子集 }\boldsymbol{R}_3=\begin{bmatrix}\boldsymbol{R}_{31}\\\boldsymbol{R}_{32}\\\boldsymbol{R}_{33}\end{bmatrix}=\begin{bmatrix}0.30 & 0.50 & 0.10 & 0.10 & 0\\0.30 & 0.50 & 0.15 & 0.05 & 0\\0.35 & 0.50 & 0.15 & 0 & 0\end{bmatrix}$$

权重系数 $\boldsymbol{W}_3^{\mathrm{T}}=(0.159\,3,0.307\,4,0.533\,3)$

进行模糊矩阵的复合运算：

$$\boldsymbol{S}_3=\boldsymbol{W}_3^{\mathrm{T}}\circ R_3=(0.159\,3,0.307\,4,0.533\,3)\circ\begin{bmatrix}0.30 & 0.50 & 0.10 & 0.10 & 0\\0.30 & 0.50 & 0.15 & 0.05 & 0\\0.35 & 0.50 & 0.15 & 0 & 0\end{bmatrix}$$

$=\{(0.159\,3\wedge 0.3)\vee(0.307\,4\wedge 0.3)\vee(0.533\,3\wedge 0.35),(0.159\,3\wedge 0.5)\vee(0.307\,4\wedge 0.5)\vee(0.533\,3\wedge 0.5),(0.159\,3\wedge 0.1)\vee(0.307\,4\wedge 0.15)\vee(0.533\,3\wedge 0.15),(0.159\,3\wedge 0.1)\vee(0.307\,4\wedge 0.05)\vee(0.533\,3\wedge 0),(0.159\,3\wedge 0)\vee(0.307\,4\wedge 0)\vee(0.533\,3\wedge 0)\}$

$=(0.35,0.5,0.15,0.1,0)$

经归一化处理，$\mathrm{S}_3'=(0.318\,2,0.454\,5,0.136\,4,0.090\,9,0)$

(4)阻止“环境因素”的难度

$$\text{隶属子集 }\boldsymbol{R}_4=\begin{bmatrix}\boldsymbol{R}_{41}\\\boldsymbol{R}_{42}\\\boldsymbol{R}_{43}\end{bmatrix}=\begin{bmatrix}0.75 & 0.25 & 0.0 & 0 & 0\\0.90 & 0.10 & 0 & 0 & 0\\0.45 & 0.35 & 0.20 & 0 & 0\end{bmatrix}$$

权重系数 $\boldsymbol{W}_4^{\mathrm{T}}=(0.297\,3,0.163\,8,0.538\,9)$

进行模糊矩阵的复合运算：

$$\boldsymbol{S}_4=\boldsymbol{W}_4^{\mathrm{T}}\circ\boldsymbol{R}_4=(0.297\,3,0.163\,8,0.538\,9)\circ\begin{bmatrix}0.75 & 0.25 & 0 & 0 & 0\\0.90 & 0.10 & 0 & 0 & 0\\0.45 & 0.35 & 0.20 & 0 & 0\end{bmatrix}$$

$=\{(0.297\,3\wedge 0.75)\vee(0.163\,8\wedge 0.9)\vee(0.538\,9\wedge 0.45),(0.297\,3\wedge 0.25)\vee(0.163\,8\wedge 0.1)\vee(0.538\,9\wedge 0.35),(0.297\,3\wedge 0)\vee(0.163\,8\wedge 0)\vee(0.538\,9\wedge 0.2),(0.297\,3\wedge 0)\vee$

$(0.163\,8\wedge 0)\vee(0.538\,9\wedge 0),(0.297\,3\wedge 0)\vee(0.163\,8\wedge 0)\vee(0.538\,9\wedge 0)\}$

$=(0.45,0.35,0.2,0,0)$

经归一化处理，$\boldsymbol{S}_4'=(0.45,0.35,0.2,0,0)$

(5)综合评判

$$\boldsymbol{R}=\begin{bmatrix} S_1' \\ S_2' \\ S_3' \\ S_4' \end{bmatrix}=\begin{bmatrix} 0.333\,5 & 0.316\,9 & 0.213\,8 & 0.090\,5 & 0.045\,3 \\ 0.320\,3 & 0.320\,3 & 0.180\,6 & 0.133\,6 & 0.045\,2 \\ 0.318\,2 & 0.454\,5 & 0.136\,4 & 0.090\,9 & 0 \\ 0.45 & 0.35 & 0.2 & 0 & 0 \end{bmatrix}$$

$\boldsymbol{W}^{\mathrm{T}}=(0.255\,0,0.471\,5,0.165\,3,0.108\,3)$

$$\boldsymbol{S}=\boldsymbol{W}^{\mathrm{T}}\circ\boldsymbol{R}=(0.255\,0,0.471\,5,0.165\,3,0.108\,3)\circ\begin{bmatrix} 0.333\,5 & 0.316\,9 & 0.213\,8 & 0.090\,5 & 0.045\,3 \\ 0.320\,3 & 0.320\,3 & 0.180\,6 & 0.133\,6 & 0.045\,2 \\ 0.318\,2 & 0.454\,5 & 0.136\,4 & 0.090\,9 & 0 \\ 0.45 & 0.35 & 0.2 & 0 & 0 \end{bmatrix}$$

$=\{(0.255\,0\wedge 0.333\,5)\vee(0.471\,5\wedge 0.320\,3)\vee(0.165\,3\wedge 0.318\,2)\vee(0.108\,3\wedge 0.45),(0.255\,0\wedge 0.316\,9)\vee(0.471\,5\wedge 0.320\,3)\vee(0.165\,3\wedge 0.454\,5)\vee(0.108\,3\wedge 0.35),(0.255\,0\wedge 0.213\,8)\vee(0.471\,5\wedge 0.180\,6)\vee(0.165\,3\wedge 0.136\,4)\vee(0.108\,3\wedge 0.2),(0.255\,0\wedge 0.090\,5)\vee(0.471\,5\wedge 0.133\,6)\vee(0.165\,3\wedge 0.090\,9)\vee(0.108\,3\wedge 0),(0.255\,0\wedge 0.045\,3)\vee(0.471\,5\wedge 0.045\,2)\vee(0.165\,3\wedge 0)\vee(0.108\,3\wedge 0)\}$

$=(0.320\,3,0.320\,3,0.213\,8,0.133\,6,0.045\,3)$

经归一化处理，$\boldsymbol{S}'=(0.310\,0,0.310\,0,0.206\,9,0.129\,3,0.043\,8)$